千里之行

谢水清 著

湖南师范大学出版社

图书在版编目(CIP)数据

千里之行 / 谢水清著 . —长沙:湖南师范大学出版社,2017.5

ISBN 978 - 7 - 5648 - 2699 - 4

Ⅰ.①千…　Ⅱ.①谢…　Ⅲ.①湘潭县云龙小学—办学经验②小学—教学工作—成果—湘潭县　Ⅳ.①G629.286.44②G622.0

中国版本图书馆 CIP 数据核字(2016)第 244515 号

千里之行　Qian Li zhi Xing

谢水清　著

◇策划组稿:李　阳
◇责任编辑:何雅静　李红霞
◇责任校对:张晓芳
◇出版发行:湖南师范大学出版社
　　　　　　地址/长沙市岳麓山　邮编/410081
　　　　　　电话/0731-88873071　88873070　传真/0731-88872636
　　　　　　网址/http://press.hunnu.edu.cn
◇经销:新华书店
◇印刷:河北浩润印刷有限公司
◇开本:710mm×1000mm　1/16
◇印张:14
◇字数:250 千字
◇版次:2017 年 5 月第 1 版　2024 年 9 月第 2 次印刷
◇书号:ISBN 978 - 7 - 5648 - 2699 - 4
◇定价:52.00 元

凡购本书,如有缺页、倒页、脱页,由本社发行部调换。
本社购书热线:0731-88872256　88872636
投稿热线:0731-88872256　13975805626　QQ:1349748847

序 >>> ···

《老子·六十四章》云："九层之台，起于累土；千里之行，始于足下。"荀子曰："不积跬步，无以至千里。"《千里之行》正是云龙小学十年办学经验的匠心之作！

十年前，云龙小学在湘潭县易俗河强势崛起，开始远航。在"全省领先，全国有影响，与国际全面接轨"的办学目标的引领下，"云小人"一步一个脚印地向前迈进。从管理治校，到德育润校；从课程兴校，到科研强校；从质量立校，到文化兴校……点点滴滴，都有每一个"云小人"不懈的探索与创新。

每一个学生都关注，每一项活动都育人，每一面墙壁都说话。云龙小学将立德树人贯彻教育、教学以及日常生活的始终，让"云小人"这个大写的"人"，立得堂堂正正，行得踏踏实实，做得轰轰烈烈，赢得春华秋实。学校自主开发的全国第一套"小学生'两型'教育读本"系列教材，受到国务院副总理刘延东的高度肯定；国际机器人比赛多次留下"云小人"获奖的身影；日本、美国、新加坡，及中国北京、上海、深圳、香港等地，都记录着"云小人"求索的足迹；教育部子课题以及省市规划课题有着"云小人"智慧的结晶。创新是"云小人"的特征，创新是"云龙精神"的精髓，创新是云龙小学发展的动力与源泉！

十年，莘莘学子，茁壮成长；十年，大美云小，砥砺前行。学校教育根在文化，魂在教师。"云小人"将站在更高的起点，围绕学校发展的核心目标，准确定位，坚定方向，勇于超越自我，实现学校教育、教学与科研创新联动式发展，持续推进学校教育"供给侧"改革，为基础教育综合改革"先行先试"不断贡献自己的智慧与力量！

曾军良

2016年10月

（曾军良，全国名校长，特级教师，北京实验学校教育集团总校长）

目 录
CONTENTS

第一章　教育情怀创造教育奇迹

一、办学者的教育情怀

从严、从优、从细、从高，全方位、全过程、全心意，落实到管理和教育工作中的每一个学生，每一个环节，每一个角落，每一个细部。

——董事长寄语

云龙十年，十年云龙。反复品味之间，是惊喜，是辉煌，是大幕开启的震撼；而于办学者，是欣慰，是实力，是大步向前的勇气。云龙小学，贺美鑫，两个不同范畴的概念，却因教育融为同一个焕发无穷活力的生命体，成为了优质教育、精美学校的代名词，创造了速度与品牌的教育传奇。

贺美鑫先生于2006年创办云龙小学，这是湘潭地区第一所民办小学，也是第一所寄宿制小学。没有经验可借鉴，没有模式可参照，一

图1-1　董事长 贺美鑫

切从零开始，但贺美鑫先生没有胆怯，他坚信：教育是千秋万代的伟业，为社会培养优秀人才，是最值得投入的事业；教育是爱与奉献的事业，只要有满腔热忱，全身心地投入，就一定能办好优质教育。正如他的寄语所说："从严、从优、从细、从高，全方位、全过程、全心意，落实到管理和教育工作中的每一个学生，每一个环节，每一个角落，每一个细部。"我们能看出他的办学理念和要求，他，是这么说的，更是这么做的！

1. 一切有利于学生和老师成长的事情都要做

这是贺美鑫董事长经常说的一句话，他语气坚定，态度明了。云龙小学的校园特别美，设备设施先进，老师待遇好，这全靠老板的全力支持和投入。2015 年，学校投入四百多万进行校园改造和文化建设；2016 年，又投入一千万，用于学校提质改造和提高教职工工资待遇，将学校办成精美的生态乐园、现代化的智慧校园。贺美鑫董事长办学只讲投入，不计回报，只要孩子得到最好的成长，他便无怨无悔。记得办学后不久的冬天，董事长在校园看到孩子的头发是湿的，冬天冰冷的头发让人很不舒服，便询问怎么没吹干。他将寄宿部管理人员和生活老师都叫过来，了解情况，才得知是没有吹风机。他立刻安排学校后勤部门给一百三十间寝室每间购买一个吹风机。生活老师认为，这是学生的生活用品，学校没必要购买，可以安排家长置办。董事长则语重心长地说："我们应该为学生的健康成长提供一切条件，我们凭良心办教育，每个学生都要视作是自己的子女。"平实的话语，让在场的每个人汗颜。作为一个教育工作者，明白爱生如子的道理，却没有想到一个从事教育工作的董事长，能把这句话落实得这么细。细细想来，这才是云龙小学爱生如子文化不断传承的根本原因。

董事长对学生的爱是细节中见大爱，对老师的爱是严格中见关爱。在云龙小学，董事长一直不断提高教职工的待遇，同时创造更多的条件让老师成长，追求职业幸福。董事长经常说："老师们的任务是教书育人，我的任务是为老师创造更好的发展平台。"在这一方面，董事长不遗余力，让老师们没有后顾之忧。特别是在老师们学习提升方面，董事长每年亲自带队外出学习，日本、美国、新加坡，以及中国香港、北京、上海、深圳，都留下云龙教育人的足迹。每一次学习，他都会亲自主持学习总结反思会，让老师们能更多地学习和消化，能学以致用并创新超越。开阔眼界、增长见识的机会不是每个学校都有的，这是老师最好的福利，也是老师最好的成长机会。

2. 任人唯贤

人才是学校真正的软实力。在云龙小学，任何一个岗位的应聘，都必须经过正规的招聘程序，达到相应的岗位要求。除了特殊人才的引进，任何人没有特殊通道。学校的管理人员都在一线中培养，具备非常强的专业技能，在业务上能起示范引领作用，在管理中能独当一面，个个都是实干家。"有为有位，有位有为"，让优秀的同志成为学校的中坚力量，在更大的平台上做出更新的成绩。不任人唯亲，保证学校的人才选拔和职员提升免受"亲属"的干扰，营造公平的环境，提高员工的积极性。正因为董事长有这样的理念，云龙小学才有"能者上，庸者下"的机制，让每一个有能力的人有舞台，让每一个有成绩的人有回报，真正让学校焕发蓬勃向上的生命力。

3. 学校是老师的第二个家

学校是教职员工生活的家园，学校的发展关乎着每个职工的生活。学校给老师们提供了物质生活条件，更给老师贴心的人文关怀，让老师有安全感和归属感。云龙小学有教职工两百多人，学校就像一个大家庭，从管理人员到后勤人员，从年长者到年轻人，大家只有工作分工不同，没有高低贵贱之分。董事长坚持把学校经营成老师的第二个家，他承担着家长的身份，员工家的喜事，他亲自祝贺；员工生日，学校会送上鲜花祝福；员工的公事、私事，只要他能办到的，他会全力以赴，妥善解决。细到谁家的孩子要上理想的高中、大学，谁家配偶要调动工作，谁家老人病了要请好点的医生……董事长都当作是自己的事，亲力亲为，办得很妥帖，不用老师到处奔波，更不会要老师出钱。每每面对老师的感谢，他总是说："你们安心安意、全心全意把学生教好，就是对我最好的感谢！"特别简单的话，却是特别温暖的话，也是特别有底气和正能量的话。董事长的热心、仁爱、淡泊，让每一个教职工敬佩和爱戴。他的精神和理念，将云龙小学的每一位员工凝聚在一起，汇集成一股团结的大潮，推动学校乘风破浪，阔步向前！

二、管理者的精心投入

1. 用整个的心做整个的校长

谢水清是云龙小学的书记和校长，人如其名，"水善利万物而不争"，教育是爱与奉献的事业，谢水清，从取名字那刻起，就注定与教育有缘。1997年中师毕业，谢水清在教育岗位上已近二十年，从事班主任和教学工作，担任过各种学校管理岗位职务，积累了非常丰富的一线教学和业务管理经验。2009年来到云龙小学，在云龙小学这个广阔的舞台上，谢水清如鱼得水，在业务中练技能，在管理中学治校，务实严谨的态度加上她开拓创新的精神，谢水清一路成长，一路辉煌一路歌。

云龙小学的发展，倾注了谢水清的心血和智慧，通过她的述职报告，就可以了解她一年的工作：

述职报告

回首一年的工作，学校稳中求进，我甚感欣慰。今天的述职，是总结、是反思，也是展望，我不想过多地谈学校取得的成绩，因为大家都有目共睹。我想认真地向董事会做一次思想汇报。

图1-2 校长 谢水清

记得 10 月 21 日的管理人员会上，我用了陶行知的一句话——"用整个的心去做整个的校长"——勉励自己和所有行政人员，我也是一直这样要求自己的，我把所有的时间和心思都放在了工作上。

　　首先是自身的学习提升。我从来没有现在这种迫切需要学习的渴望，包括当年初中毕业考"师范"的时候我都是边学边玩，因为能不能考上是个人的事。而现在我是一个校长，不再是"自我"，我不能因为自己影响了学校的发展，不能辜负所有期待和信任的眼光。我挤出时间学习教育教学理论、知名学校的创办历程和做法，纵观天下，知己知彼，让我坚定学校的发展方向。在北京大学的学习很有收获，它没有具体指导我怎样做，但一个理念、一个方向足够我实施好几年。我有一个习惯，每次听课都会结合学校实际，把产生的灵感及时记录下来，以便回来运用。一次学习就是一支兴奋剂，不断激发我工作的激情。古人把"为天地立心，为生民立命，为往圣继绝学，为万世开太平"作为读书的担当。校长是强校兴邦的栋梁，读书不是为了小家、小情、小我，而是为了师生成长、学校发展、国家强盛这个大事、大爱、大业。我也希望我们全体董事会成员时刻不忘自己的使命，用使命激励自己不断前行。

　　学校的管理模式已经很成熟，万变不离其宗，围绕教和学。今年，学校是平稳有序发展的。我全面落实精细化管理的理念，工作安排重落实，工作结束重反思。每天我都会督查各处工作三次以上，看出差错、看出不足、看出隐藏的问题，更会思考，想解决的办法，想更好的做法；每周我都会走进课堂，了解老师和学生的学习状况；每月，我都会和几位老师谈心，关心老师的工作状态；随时，我都会和学生聊天。在多次的寝室巡查中碰到了家长，家长非常惊讶："在这里还能看到你。"半夜查寝，生活老师说："没有哪个老师能有你舍得死。"在周末休息的时间里，学生就餐也能看到我。家长会上我的发言还没结束，就收到了几个家长的短信。"谢校长的发言叩心，感动！""谢校长用心良苦！""谢校长是用真心在做教育。"能得到这样的评价，我也很高兴。

真心为孩子，就一定能得到家长和社会的认可；用心做教育，就一定能推动中国教育的发展。

……

"用整个的心做整个的校长"是陶行知先生的名言，谢水清校长将此作为自己的追求，全身心地投入到她挚爱的教育事业中，做一个研究者，一个思想者，一个探索者，一个幸福教育的追梦者。

2. 用文化引领学校发展

顾明远先生说："学校文化是经过长期历史积淀而形成的全校师生员工的教育实践活动方式及其所创造的劳动成果的总和。"云龙小学办学十年，学校的一草一木、一砖一瓦都折射着十年文化的积淀，理念、环境、课程、管理，融合成一个完整的会呼吸、能说话的生命体。

（1）理念文化

办学理念：为孩子终身发展奠基。

办学宗旨：让每一个孩子充分发展，让每一个教师施展才华，让每一个家长收获希望。

办学目标：全省领先，全国有影响，与国际全面接轨。

教育信念：爱可以创造一切奇迹。

校训：厚德博学，和而不同。

校风：文明、和谐、务实、创新。

教风：踏实、严谨、创新、进取。

学风：乐学、善思、自主、合作。

学生培养目标：全面发展，个性化成长。

德育建设：爱国、感恩、自立、民主。

教育科研：立足课堂教学，课内课外融合，师生同步发展。

学校特色：书法养性、科技启智、国球健体、艺术怡情。

（2）环境文化

步入云龙小学的校园，精美的环境会无声地彰显着学校的文化。

书香，无声的浸润。 学校建设规划结合科学性和人文性，设施先进，设计精美，楼宇气派。有生机盎然的立体绿化，有书法名家题词的楼宇命名，用毓秀楼、励志楼、思润楼、思齐楼等取代教学楼、办公楼、学生宿舍等生硬的称谓，寄托希望，寓含深意。

在校园里，处处可以感受到书香气息。学校在各个楼层、每间教室设置了"读书吧"，每个孩子随时可以自由阅读，并自我管理。教室墙壁上有孩子们的书画作品和作文，楼梯间、走廊上有名言警句。学校编写了国学教材《书香情韵》，引进了"育灵童"国学软件，每天组织孩子吟诵国学经典和诗词歌赋，让孩子感受中华传统文化的博大精深。学校从空间到时间，编织了一张书香文化网，时刻浸润着孩子的心灵，让他们成为具有书卷气、学者气的文化人。

故事，动人的回忆。学校的每一个角落，都有师生快乐的故事，这些故事是学校文化的重要组成部分。连廊的墙上有巨幅《中国地图》，它是由全校一千三百多个孩子带来的五谷杂粮拼贴而成，是全校师生为庆祝新中国成立66周年而制作的。每次看到这幅作品，孩子们就会想起搜集五谷的过程，想起老师、同学一起创作的情景。大厅和楼梯的照片，每一张都很有代表性，孩子们都会兴致勃勃地介绍照片

图1-3 精美校园

图1-4 教研组LOGO

的内容，金秋体育节、校园艺术节、科技活动节、小器乐展示等等，一张照片就是一个成长的故事，点点滴滴，陪伴着孩子快乐地成长。教师会议室的墙面上有每个教研组团队设计的LOGO，每个LOGO都有个性的造型和寓意。另外还有一张老师们参加县艺术节比赛的剧照，格外引人注目。回想当时，时间非常紧迫，血气方刚的年轻老师谁都不甘于落后，利用工作之余的时间刻苦排练。由于翻滚、跳跃的动作特别多，老师们的膝盖都是淤青的，手肘擦破了皮，但没有一个人喊苦喊累。团队的战斗力和凝聚力激励着老师们勇往直前，最后以绝对的优势获得一等奖。

展厅，互动的舞台。环境文化不是张贴几张画、立几尊雕塑就可以了，而是必须和孩子们融合在一起。学校利用一楼的架空层，在不占用孩子们活动场地的前提下，设立体艺厅、科技厅、国学厅。体艺厅有个小舞台，孩子们可以随时游戏和表演，有了小舞台的锻炼就不会畏惧大舞台的表演。体艺厅、科技厅的展柜，都是开放的，孩子们可以随时将自己的作品放上去，其他孩子看见，发现别人做了一个，也会做一个更好的摆上去。科技厅的地球点读仪、钥匙的原理等，孩子们都可以进行互动和体验。国学厅的书法展台是开放的，笔墨纸砚都齐全，课间有兴趣的孩子可以自由书写。楼梯间下的书吧、棋台，是三五孩子聚集的好地方。这些场馆都是孩子们的，每个人都可自由释放自己的潜能。这里，因为有了孩子们而有了生机，也因为有了孩子们更彰显文化的魅力。

各个区域的内容安排学校都进行了精心设计。所有走廊、连廊都从形式和内容上进行主题分区。由于小孩子喜欢新奇又充满童趣的东西，所以学校根据学生年龄特点，从低年级到高年级设计了不同的风格。低年级以清新温馨为基调：一楼大厅和走廊以爱为主旋律，注重行为习惯的引导；二至四楼分别以"花卉苗木"、"海洋生物"、"科技知识"为主题，注重科普知识的浸染。两栋教学楼之间，二楼连廊左边是"两型"知识，右边是红色革命教育；三楼连廊左边是语言文字知识，右边是新书推荐。草坪上、树林间矗立的名人雕塑，实现了自然景观与人文景观的和谐统一。每月的"读书沙龙"，每学期的"悦读节"，引领师生共同营造属于自己的精神家园，建立了一个充满智慧和生机的校园。

学校环境一步一景，赏心悦目，养眼养心，每一面墙壁都说话，

图1-5 国学厅

图1-6 植物园赏花

图1-7 校园艺术节武术表演

图1-8 校园科技活动节

图1-9 快乐读书吧

每一株花木都含情，每一颗心灵都得到净化。

（3）课程文化

课程是育人的心脏，学校围绕"全面发展，个性化成长"的学生培养目标，构建了有校本特色的课程体系，课程体系的模式是：基础型课程、拓展型课程、主题文化课程、生活课程。

强化基础型课程设置，渗透学科文化。学校育人的核心载体是课程，国家教育方针的贯彻落实、学校办学目标的实现、学校办学特色的彰显、学生的个性发展等，都要通过课程才能达成。云龙小学围绕"全面发展，个性化成长"的育人目标，紧扣《中国学生发展核心素养》，全面构建课程体系，为学生提供品德、语文、数学、英语、科学、音乐、美术、体育、信息技术九个领域的课程，在确保学生基础学力上下工夫，还将课程进行拓展，让学生进行探究性学习。开设60个社团，让学生自主选择参加。拓展学习在注重提升学生综合素养的同时，照顾了学生个性化成长的需求。

与此同时，学校实施主题文化课程。春天与大自然亲密接触，赏花、植树、放风筝；夏天，遨游于数学文化节、创意科技节之中；秋天，全员参与金秋体育节，竞技运动场；冬天，校园文化艺术节持续一个月，让孩子们感受艺术的真谛，陶冶高尚情操。主题文化课程在锻炼孩子们技能、增长孩子们知识的同时，更让他们感受课程文化带来的愉悦。

合理设置校本课程，浸润素质文化。学校确立"书法养性、科技启智、国球健体、艺术怡情"四大特色，自主开发全国第一套"小学生两型教育读本"，并在全省发行，"两型"教育经验得到国务院副总理刘延东的高度肯定，批示"要予以总结和推广"；自主开发《书香情韵》国学经典教材，供学生每日诵读，成效显著，使我校成为国学教育实践学校；积极响应习近平主席"足球运动要从娃娃抓起"的号召，将足球、乒乓球列为学校体育特色项目，全校人人参与，班班有球队，成为全国首批"足球基地学校"。学校每个学科有特色建设项目，音乐的"小器乐进课堂"，让每个孩子掌握两门乐器；书法课程，普开硬笔、软笔书法课，鼓励人人写得一手好字；科学课的"科学故事"，让科学家的故事成为孩子们励志、创新的榜样……丰富多彩的课

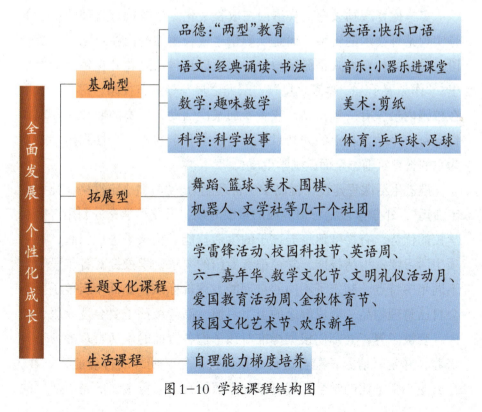

图1-10 学校课程结构图

图 1-11 自理能力比赛

程为提升孩子们的素质提供了全面的保障。

　　实施德育激励教育，唤醒内在成长文化。学校德育管理的重心不是实现某种技术的转型，而是唤醒学生成长主体的内在自觉。小学阶段，最好的教育方式是激励教育，它可以让自信之花开在每个学生心里。"作品展示"、"雏鹰之星"、"云龙之星"等遍布校园，每一个学生在校园内最少有一幅作品，或者参加某次活动、比赛的照片。发现和肯定每一个学生身上的闪光点，营造一个和谐共进、个性张扬、激励为主的教育氛围，全面激励学生成长。

　　推进生活课程建设，提高学生自理能力。"习惯决定性格，性格决定命运。"小学阶段是习惯养成的重要时期，云龙小学充分利用寄宿制学校的优势，有梯度地培养孩子的生活技能。从孩子进校门起，每一项生活习惯、生活技能，学校都有专门的要求，学校针对各年段学生不同年龄特点，制定了不同的自理能力评价标准，如低年级孩子要学会自己整理物品、养成健康的卫生习惯，高年级孩子要会洗衣服、铺床、套被子等，老师们根据标准对孩子们各方面的生活自理能力进行培养，并定时请家长配合进行考核评价，每学期开展自理能力竞赛。在云龙小学毕业的学生，都可以独立照顾自己，更重要的是生活中的锻炼，让孩子们的心智更独立与成熟，没有依赖，没有害怕，自信与勇敢让孩子们具有挑战一切的勇气和胆量。孩子们良好行为习惯的养成，既是学校文化的体现，也是孩子们加强文化修养的必然，为今后的求学和工作打下了很好的基础。

（4）管理文化

人才是学校的软实力。高水平、高层次的人才是学校教育科研、学科建设的领军人物，是学校发展的关键。有什么样的管理队伍，就会有什么样的教师群体，就会有什么样的教育质量。为此，学校在管理中坚持将文化渗透到每一个细节。

业绩文化。邓小平说：发展才是硬道理。云龙小学认为：业绩才是硬本事。人要有自己的立足之本，要体现自身价值，需靠成绩说话。每学期末，管理人员要向全体教师作业绩汇报，激励教师共同努力，加强管理人员责任心和创新意识的培养。

自律文化。管理人员每周制订周工作安排表，每周对执行情况进行记录和等第评定，并将之作为期末考核的重要依据。坚持撰写教育故事，管理人员和专家型教师每周两篇，研究型教师每周一篇，记录教育管理、课程改革的经历、经验，为教师和学校发展储备资料，丰厚底蕴。

价值观文化。"一流的学校靠文化，二流的学校靠制度。"学校文化的核心应是精神文化层面的东西，是整个学校价值体系中最基础、最核心和最稳定的部分，是每一个成员和整个集体都必须长期秉承的原则。北京大学蔡元培时代秉承的是"兼容并包，学术自由"的原则，并由此为基础构建了相应的管理制度文化、课程文化、行为文化等。云龙小学秉承"爱可以创造一切奇迹"的信念，让学校成为了一所流淌着爱的学校。爱生如子、爱岗敬业、团结友爱，一草一木、一花一果都让人感到爱的气息。"爱可以创造一切奇迹"的醒目大字镶嵌在墙壁上；"孩子，老师爱你"的清新标语跃然于楼道间。爱，在老师亲切的微笑里；爱，在老师俯身牵手的一瞬间；爱，还在老师默默无闻的守候中。学校的一草一木、一人一事，都反映出核心价值，形成了有文化品味和底蕴的学校。全体"云小人"在"爱可以创造一切奇迹"这一核心价值的引领下创造了一个又一个教育传奇。

图1-12 午休时间温情满满　　　　图1-13 彭桃英老师辅导学生

文化是学校生生不息的生命。云龙小学十年历程，十年积淀，每一个教师、每一个活动、每一个细节，都是云龙文化的符号。文化已内化于心，外化于行。云龙小学用环境润泽人，用课程发展人，用管理成长人，用文化引领学校阔步前行。

3. 让每个人成为最好的自己

办教育，就要办精品教育；育人才，就要育精英人才。这是云龙小学的办学情怀。围绕这一目标，学校提出精细化管理的"六精"目标：领导班子精明，教师队伍精干，教育教学精心，业务技能精通，后勤服务精细，办学条件精良。"六精"合一，一切是为了孩子精彩！围绕"六精"，学校通过设立扁平化管理模式和科学合理的考核评价机制，让每个老师充分挖掘潜能，成为最好的自己。

学校管理模式

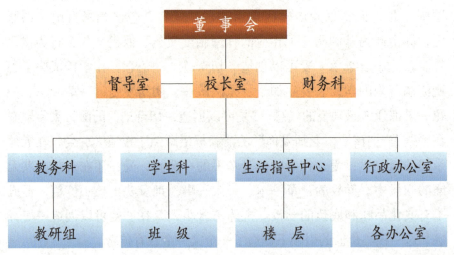

学校实行校长负责制，各科室主管对校长负责，职、责、权明晰，政令畅通，执行力强。人尽其才，人尽其用。

考核细则：（以教务科主任为例）

校委会成员考核评分表

考核内容	考核细则	分值	自评	考核
（一） 师德师风 （10分）	1.遵守师德规范，工作认真主动，热心为教师及学生服务，尊重分管领导，团结协作，有奉献精神。	2.5		
	2.能主动广泛听取群众的意见，办事效率高。	2.5		
	3.以身作则，积极主动承担任务，为学校的发展献计献策。	2.5		
	4.廉洁从教，不以权谋私，不接受教师或家长的宴请及贵重礼物。发现一次扣1分。	2.5		
（二） 业务提高 （10分）	1.学习教育专著每学期不少于5本，并有相应的学习笔记或心得。	2		
	2.深入课堂，听课每学期不少于40节，且要记载详细，有评课记录。每少一节扣0.2分。	2		
	3.积极参加赛课或展示课活动，每学期至少上研究课一节，写论文两篇，每缺一项扣0.5分，论文发表或赛课获县级以上奖励，每项加2分。	2		
	4.开展一次校内专题培训讲座或进行经验交流。县级、市级、省级相应加1、3、5分。	2		
	5.组织开展特色建设工作，取得明显成效，效果一般计1分，无措施或效果计0分。	2		
（三） 工作职责 （50分）	1.能认真主持教务科日常工作，制订各项计划，落实情况好。否则，每项扣0.5分。	4		
	2.坚持教学常规检查，督查教师上课、学生学习情况，及时收集、反馈教学动态与信息。效果好计5分，已督查或督查不经常，效果不佳，每项扣1分。	5		
	3.面向全体学生，建立较为完善的学生发展评价方案及符合素质教育要求的目标管理体系和评价机制。有方案，效果好计5分，效果一般计4分，无效果计0分。	5		
	4.特长、社团活动常规管理效果好，积极组织学生参加各项竞赛活动，获得国家、省、市级奖项。效果好计5分，效果一般计4分，无效果计2分。	5		

考核内容	考核细则	分值	自评	考核
（三） 工作职责 （50分）	5.定期检查教师的伏案工作，了解教师的教学情况，并及时进行总结，有针对性地改进。做好名师和青年教师的培养工作。	5		
	6.公平公正地做好教师的常规和期末评定工作。每次失误扣1分。	2		
	7.开展拓展型和探究型课程建设研究，开展"学生个性化发展研究"。效果好计4分，效果一般计3分，无效果计2分。	4		
	8.积极推动教学改革，开展课题研究，重视课题的过程管理，落实研究、改革效果。效果不好酌情扣分。	5		
	9.积极组织教师撰写心得、论文，并有发表；组织教师参加各级各类赛课，并有获奖。效果好计5分，效果一般计4分，无效果计2分。	5		
	10.制订科学、完善、可行的教师培训学习方案，效果好计6分，效果一般计5分，无效果计2分。	6		
	11.遵守学校各项规章制度，完成教学工作、值日工作，完成校长分配的任务。	2		
	12.按时上交材料、总结、论文，归档资料齐全。否则，每项扣1分。	2		
（四） 工作能力 （20分）	1.能统筹安排好各项工作。	3		
	2.能独当一面，组织并开展好学校的有关工作。	4		
	3.有全局观念和团队精神，能协调好学校各部门之间的关系，工作不推诿、不敷衍了事。	4		
	4.能协调好领导与教师之间的关系。蹲点工作发挥了指导引领作用，效果明显。	4		
	5.能协调并处理好与校外有关单位的关系。时刻保持信息畅通，不延误工作。	2		
	6.能与学生交谈，建立融洽友好的师生关系。坚持做好离异家庭、留守儿童等特殊群体的关心、引导工作。	3		

考核内容	考核细则	分值	自评	考核
（五） 开拓创新 （10分）	1.以校为家,发扬主人翁精神。	1		
	2.工作积极,变被动为主动,强化"争事做,抢事做"的意识。	1		
	3.工作大胆果断,不畏首畏尾,不瞻前顾后。	2		
	4.积极为学校的发展出谋划策。	2		
	5.在教育教学和学校管理中不墨守陈规、因循守旧,有创新的举措,有敢为人先的精神。	2		
	6.强化竞争意识、质量意识和忧患意识。	2		

教师目标管理评价方案

考核目的

为了全面落实学校管理岗位责任制、全员聘用制、绩效工资制,真正实现管理的科学化、制度化、规范化,全面调动教师教育教学工作的积极性、主动性,体现民办学校多劳多得、优劳优酬的激励体制优势,学校对全体教师实行目标管理考核,特制订本方案。

领导机构

组长：校长。

组员：董事会成员及相关管理人员。

考核时间

每学年第二学期末。

考核原则

1.公平、公正、公开。

2.依据考核细则打分,实行考核小组集体评议制度。

3.注重工作表现和实绩。

评分细则

一、政治思想表现（27分）

1.政治态度：能够遵纪守法,无违法乱纪行为（2分,有计0分）（校长室）；遵守学校规章制度,无违反学校制度行为（2分,一般计1分,严重计0分）（校长室）。

2.关爱学生：关爱学生，家长无投诉（2分，一般计1分，投诉在2人以上计0分）；不体罚学生（2分，有计0分）（校长室、办公室）。

3.师德师风：教师仪容大方，统一着制服（2分，违反一次扣1分）；团结协作（2分，背后搬弄是非、闹不团结扣0-2分）（办公室）。

4.事业心、责任心：认真履行岗位职责，工作任务完成好（2分，一般计1分）（教务科、学生科各1分）；所有班级及所教学生无安全事故（2分，有但无家长意见计1分，有家长意见计0分）（教务科、学生科各1分）；宣传工作按学校要求完成（2分，一般计1分，不好计0分）（办公室）。

5.劳动纪律：严格遵守学校出勤制度，无迟到、早退、缺会行为（4分，每发生一次扣1分，有旷工行为的计0分）（办公室）。

6.财物爱护：无财产损坏、资源浪费记录计5分，出现一次扣0.5分（财务科）。

二、学识水平（18分）

1.专业知识：大专及以上学历（2分，不达标计0分）（办公室）。

2.进修提高：参加业务培训有记录（1分，没有计0分）（教务科）；计算机达到高级水平（2分，达到计2分，有证但没有达到计1分，没有计0分）；普通话水平（2分，语文二甲以上，其他科目二乙以上，达到计2分，未达到但有证计1分，无证计0分）（办公室）。

3.岗位履行：胜任岗位情况（3分，胜任岗位教学或管理计3分，基本胜任计2分，不胜任计0-1分）（教务科）；班主任工作管理（2分，学生检查评比中获一次以上流动红旗计2分，未获一次扣1分，整个学期有5次以上评分末位不计分，非班主任不扣分）（学生科）；招生留生工作（4分，招生每少1个、留生每流失1人，扣0.5分，扣完为止）（招生办、留生办各2分）。

4.科研论文：每学期撰写论文和总结各一份（2分，每少一份扣1分）（教务科）。

三、教学常规（40分）

1.备课：备课数量（2分，量不足计0-2分）（教务科）；备课质量（2分，备课格式不规范扣1分，备课中没有体现新的课程思想扣1-2分）（教务科）。

2.作业批改、学生辅导：作业批改及时认真（计2分，没有按时批改扣1分，平时作业没批改扣1分）；重视对中下水平学生的辅导（辅导经常计2分，不经常或无效果、无记录计0分）（教务科）。

3.课堂教学工作：课堂教学秩序（2分，一般计1分，纪律不好计0分）（教务科）；课堂教学常规（3分，出现违规现象每次扣1分，多媒体设备使用率低于总课时数80%，每少十个百分点扣1分，扣完为止）（教务科）。

4.课堂教学水平（10分，优秀计8分以上，良好6-8分，一般计4-6分，较差计0-4分）（教务科）。

5.期末复习：期末复习计划（2分，有计划计2分，无计划计0分）（教务科）；期末复习（2分，有组织计2分，无组织计0分）（教务科）。

6.服从安排：学校安排的各类教学、值班及公益活动（3分，不服从安排计0分）（教务科、学生科、办公室各1分）。

7.听课：全期听课不少于15节（2分，按常规要求，每少一节扣0.5分，扣完为止）（教务科）。

8.教研工作：每学年上一节教研课（2分，没上计0分）（教务科）；参加教研组活动不少于5次（2分，少一次扣0.5分，扣完2分为止）（教务科）；参加课题研究（2分，有方案计划计2分，有课题无立项方案计1分，无课题教研组长计0分，组员计0.5分）（教务科）；教研材料（2分，校本教研材料全期不少于15份，每少1份扣0.5分，扣完4分为止）（教务科）。

四、教学实绩（15分）

1.学生考试成绩合格率（一二年级98%、三四年级96%、五六年级94%）（5分，以期中或期末考试成绩平均值为依据，每低一个百分点扣0.5分，扣完为止）（教务科）。

学生考试成绩优秀率（一二年级80%、三四年级70%、五六年级60%，高年级根据试题难易程度可作调整）（5分，以期中或期末考试成绩为依据，每低一个百分点扣0.5分，扣完为止）（教务科）。

无笔试科目的教师得分为笔试科目教师得分平均值（10分，教务科）。

2.行政集体会议，对所有教师进行综合评价、打分（5分，行政会）。

五、加分

1.竞赛辅导（国家、省、市、县级一、二等奖各加5、4、3、2分，三等奖算作下一级别奖励，同种活动不重复计分，只按最高名次计算一次，等级根据级别下调1分）（办公室、教务科）。

2.论文案例（国家、省、市、县级一、二等奖各加4、3、2、1分，三等奖算作下一级别奖励，论文在有准刊文号上发表算作同级一等奖，同篇论文不重复计算，最高分不超过5分）（办公室、教务科）。

3.课题研究（申报课题为国家、省、市、县级一、二等奖各加4、3、2、1分，教研组长加奖1分，同名称课题不重复计算，最高分不超过5分）（教务科）。

4.教学竞赛（参加国家、省、市、县级竞赛课获一等奖各加8、5、3、2分，二、三等奖在各相应级别上分别少加1分，同系列赛课不重复计算，最高分不超过8分）（教务科）。

5.岗位加分：行政人员（在督导室的评价基础上按优秀、良好、称职分别加3、2、1分），班主任（在学生科的评价中获优秀班集体一次加2分）（督导室、学生科）。

6.先进加分（被评国家、省、市、县级各类先进，分别加5、4、3、2分，不重复计算）（办公室）。

以上加分均只计算本学年的情况，以办公室登记为准。

六、重大过失

在学校学生管理中出现重大过失，造成学校师生人身伤害或损害学校荣誉者可扣2-10分。情节严重的可以直接评为基本称职或不称职。（校委会研究决定）

等第划分标准：

1.考核结果分在90分以上评定为优秀；80-90分评定为良好；80分以下评定为一般。

2.目标管理分（100分，不含加分）低于80分者，不得评为优秀。

3.有下列情形之一者，结果等第降等处理：

（1）出现重大安全事故的直接责任人或相关责任人。

（2）严重违反学校师德师风要求，为学校和教师形象带来严重影响者。

（3）出现体罚学生或学生处罚方法不当，引起家长较大意见者。

（4）学年事假超过7天或病假超过15天者。

4.有下列情形之一者，考核结果中只能评定为一般：

（1）发生重大安全事故，系责任人疏于管理或失职者。

（2）严重体罚学生，造成学生伤害或家长重大意见者。

（3）教育教学水平评定为一般，得分低于6分者。

（4）严重违反师德师风要求，学校书面提出两次以上，没有很大改观者。

考核结果运用：

1.考核结果作为教师续聘重要依据，结果在良好以下，学校原则上不予续聘。

2.考核结果作为教师评先评优、晋职晋级的重要依据。

考核是对工作的评价，也是工作的导向。教育工作的评价，有很多可用刚性指标衡量，但教育是爱与奉献的事业，投入的情感无法用分数或等第来评价，学校用爱与责任引导老师在过程中享受奋斗和成功的喜悦，精细管理落实在常规工作的每一环节。

在每期开学前的培训班上，每个部门、每个教研组成员共同制订工作计划，明确目标，举办研讨活动，通过学校审核后在全校教师会上发言，这是一次团队智慧的碰撞，也是一次宣誓。期末学校也会召开隆重的总结会，每组汇报成绩，交流心得，表彰先进。每年的这个时候，是最感动和最骄傲的时候，"硕果累累"、"激情满怀"、"精益求精"这些关键词会刻在老师们的心中，不断激励老师们下学期再创辉煌。这样的团队考核方式一举多得，锻炼了老师，培养了干部，让科室、教研组主管和老师明白，计划要落实，工作要出成绩，组与组之间有竞争，每个人、每个团队都要成为最好的自己。

每周的例会，学校会在周工作安排之后，安排教师轮流进行业务讲座，自己选定专题，报学校通过，有教学方法探究，有读书心得分享，有班管经验交流，等等。台上一分钟，台下十年功，每个老师二十分钟的讲座，需要深钻内容，精心准备。通过这个途径，老师之间相互学习，老师个人能得到全面锻炼。从紧张到自如，从照本宣科到口若悬河，每个人的表达和沟通能力、教育思想和方法都得到提升。

把机会让给老师，老师会成长得更快，把舞台让给老师，老师会还我们无数精彩。我们每一个人都是团队中不可或缺的闪光石，默默无闻又光彩夺目，聚集成云龙教育这颗璀璨的明珠。

家长文稿：

云小，雏鹰成长的摇篮

39班刘欣怡的妈妈

022

当女儿相继被师大梅溪湖、湘郡未来、江声实验中学录取后，我悬着的心终于放下来了。六年的努力，六年的期盼，孩子终于替她自己交上了一份满意答卷。回想六年前择校时的犹豫、徘徊，此时此刻，我不由得替自己当初的选择拍手叫好。

记得六年前，孩子到了入学年龄，我和孩子他爸把易俗河几所小学走了个遍，还不断地跟同事、朋友咨询打听，为到底选择哪所学校而纠结不已。老公支持把孩子放到易俗河比较有名的一所公立学校，很多朋友说那所学校升学率不错，每年的小升初考试考上江声实验学校的不少。婆婆却因为腿脚骨质增生不方便接送孩子上下学而表示反对，她支持把孩子送到与小区一墙之隔的某小学，孩子不用接送也可以放心让她自行回家，既省心又安全。而我当初的目的却很单纯，孩子从小个子比同龄人高，如果坐在70人一个班的最后一排，我不知道她能不能好好地学习，毕竟小孩子的自觉性、自律性远不能与成年人相提并论。思来想去，我放弃了同事、朋友们有口皆碑的那所学校。而婆婆支持的那所学校也因为当时的教学质量、学习环境被我们双双否决。

在一次朋友聚会中，一个同事偶尔说起某某的孩子在云龙小学读书，毕业时考上了长沙名校，我的心头不由得为之一振，毕竟长沙四大名校不管何时在所有家长的心里是相当有分量的。易俗河难道还有这样的学校？怀着好奇之心，第二天，我和老公驱车前往，校门口墙壁上巨幅喜报格外引人注目，上面的每一个名字似一张张洋溢着青春气息的笑脸深深地吸引着我。一进校门，迎面而来的是一条笔直的校道，道路两边栽种着不知名的小树，微风吹来，小树轻轻摆动，好像在跟我打招呼。干净整洁的食堂，一尘不染的宿舍，宽敞明亮的教室，所到之处无不体现出云小管理者的细致入微。接待我们的招生老师耐心地向我们介绍了学校的办学理念、宗旨、班级设置、人员定编以及住宿管理等等细节。当时最吸引我的一点是，每个班级的学生不超过45人，心头不由得暗喜。回家与老公商量时开玩笑说："即使孩子期期坐在最后面我也放心了，一个班最多也就五六排，老师的视线放哪都够得着你闺女。"

在慎重抉择后我们把孩子送到了云龙小学。六年来，作为家长，我们密切关注着孩子的每一个进步，并与自己的孩子共同成长，一起前行。

记得在孩子读三年级时，每次一回家她都要苦口婆心地教育我们："妈，你离开房间又不关灯；妈，你又不及时关水龙头。"我笑笑说："这浪费不了几个钱的。"孩子总是一本正经地说："我们学校正在打造两型社会示范学校呢，每个学生和家长都要注重节约、防止浪费，每个人都要从小事做起，老师说让我们回家监督你们。"我不禁汗颜，作为家长的我们在某些细节方面竟没有孩子做得好。我假装不服地说："小屁孩知道什么两型社会？"小屁孩却振振有词："两型社会就是资源节约型社会和环境友好型社会。"在孩子的潜移默化下，两型社会观念深入我们家每个角落，忘记关的灯和没及时关的自来水都会有人屁颠屁颠地帮你及时关掉，次数多了，小屁孩也有发火的时候："怎么老是记不住啊？你们都是大人了呢！"再到后来，家里洗衣服的废水会用来冲厕所，出门在外绝不敢掉任何垃圾。（不是扔，不小心掉的都不行哦，掉了马上有人命令你：捡起来，扔垃圾桶去。）

　　每个周末孩子一回到家里，我总是喜欢和孩子朋友似的聊天，孩子也喜欢跟我津津有味地诉说着在学校的大小事情：课程上到哪了，哪次考试又粗心了，谁是她学习上最大的"敌人"，谁是最好的朋友，学校每天吃什么，谁和谁又吵架了，谁喜欢谁，事无巨细，做家长的我都能了如指掌。从与孩子的交谈中，我不但掌握了孩子的思想动态，欣喜地看到了孩子一步步的成长，也更让我安心地把孩子交到云小，交到云小老师的手中。从与孩子的交谈中，我更清楚地了解到，在孩子心中班上的老师就是她们心目中最可爱、最值得尊敬、最值得信赖与依靠的人。我庆幸我选择了云小。

　　六年里，孩子在学习上一直名列前茅，期期被评为"三好学生"、"学习标兵"，在班上学习委员从一年级当到六年级，作为家长的我深感欣慰。而我们云小的老师重视的却不仅仅是知识的授予，他们更注重的是学生的品质、人格和气质的培养。在这六年里，孩子每年都参加了学校组织的爱心捐款、爱心义卖活动，虽然钱数不多，却能让孩子从中深深体会到劳动的光荣、爱心的可贵。四年级下学期，通过层层选拔，孩子有幸参加了在上海举办的WMO奥林匹克数学竞赛，虽没取得理想成绩，却开阔了孩子的视野，让她深深体会了一把"山外有山，人外有人"的感觉。去年暑假孩子参加了学校组织的山东游学活动。孩子们在孔孟圣人之乡的学堂里上课，既新奇又认真，学习感悟也更深刻。五天的游学活动，孩子们受益匪浅，他们不仅充分感受到了中华礼仪之邦的绝代风华，心中更是腾起"读圣贤书，做中国人，圆中国梦"的豪迈与激情。

　　毕业考试前夕，我本想给孩子讲讲台湾省"文化部长"龙应台写给儿子安德烈的一封信，好好替她鼓劲加油一番，可还只刚刚起了个头，孩子就一本正经、颇为自豪地说："我们陈老师早就讲过了呢，她告诉我们只有现在多努力，将来才会有选择工作的权力，如果现在不努力，那我们以后就失去了选择权，就只能等工作选我们了。"我不由得佩服云小老师教育的前瞻性。在潜移默化中孩子们将生存和发展能力的提升这一重要课程深深扎根在脑海中。

我庆幸当初选择了云小。在云小的六年里，孩子既扎实地掌握了文化知识，更从一个懵懂无知的小女孩蜕变成懂礼貌、有爱心、有远大理想和抱负的健康少年。每每问起孩子长大了想干什么，她总是坚定地回答我："我要读博士当翻译家！"不管前路多么漫长，多么坎坷，云小已为你播下理想的种子，已为你前行的道路打下坚实的基础。作为家长，我们只有热切地期待你们翱翔在更广阔更蔚蓝的天空。

　　匆匆六年，在云小的日子似颗颗美丽而宝贵的珍珠，在云小的脚步是那么清晰有力。这里，承载着家长们的记忆，更记载着孩子们前行的步伐。明天，孩子们就要毕业了，即将走出这所美丽的校园，将要飞向更广阔的天空。孩子，请你一定要记住：云小是你们腾飞的摇篮，是你们精神的家园，无论身在何处，你都是"云小人"。

　　小学六年的生活即将成为美好的回忆，如果说这段回忆是一阵微风，那么当微风吹过的时候，孩子们感受到的一定是幸福，是温馨，是甜蜜……

图1-14 谢水清和孩子们一起阅读

第二章　精英教育　德育先行

一、以活动为载体，化德育为有形

要成才，先成人。学生的品德教育是教育的主线，是学校德育工作中一项系统的工程。学生是处在发展中的人，他们健康的心理，文明的行为习惯，良好的道德修养，正确的世界观、人生观、价值观，都要通过长期而艰辛的培养，经历着由简单到复杂、由低级向高级、由量变到质变的发展过程。

传统的德育工作，教师往往采用"我说你服"的方法，以高高在上的教育者的身份地位，用讲道理的方式强制学生被动地接受或服从，过多地注重道德知识的传授和理论的阐述，而无视学生年龄、心理、行为和品德的形成规律，经常是事倍功半。我们必须认识到小学德育的对象是孩子，空洞的道理只会让他们茫然，丰富多彩的活动才是切实有效的教育载体。

云龙小学精心安排和设计的活动内容，深入浅出，寓教于乐，循序渐进，采用喜闻乐见的形式充分调动了学生的积极性，将无形的德育目标化为有形的德育活动，取得了良好的效果，实现了学生的健康发展。

1. 爱国——永恒的教育话题

爱国主义是动员和鼓舞中国人民团结奋斗的一面旗帜，是各族人民共同的精神支柱。这种精神必须从青少年抓起，从小学生抓起。

（1）以史激情

中华五千年文明古国的历史给我们提供了太多的爱国素材，无数英雄人物的光辉事迹也是感染学生的典型材料，作为伟人故里的湘潭，更有像毛泽东故居、彭德怀纪念馆等得天独厚的教育资源，还有毗邻湘潭的刘少奇、雷锋故居，这些都是对学生进行爱国教育的阵地。云龙小学充分利用这些德育资源，对学生进行潜移默化的熏陶，通过演讲比赛、观看电影电视、召开主题班会等方式对学生进行爱国主义教育，让一个个英雄人物走进学生心中，让中华民族的苦难史、发展史和新中国的强国史像一幅幅宏伟的画卷展现在学生的面前。

文化布置潜移默化。在中国漫长的历史长河中，出现过很多的英雄人物：岳飞"精忠报国"，成为万代典范；文天祥"人生自古谁无死，留取丹心照汗青"，名垂千古；郑成功"将军百战雄心在，直指金戈向台湾"，振奋人心；林则徐"苟利国家生死以，岂因祸福避趋之"，不畏强权……这一个个催人泪下、荡气回肠的英雄故事，激励着一代又一代的中华儿女。这铮铮铁骨，这顶天立地的形象，更是民族的象征，中华魂之所在。放眼当前，学生的英雄情结似乎已经淡化，他们的眼球更多地被光芒四射的明星迷住了，他们的内心已被光怪陆离的世界侵蚀着，他们的道德已经出现滑坡，学校作为教育的主力军和主阵地，让"英雄"走进学生心灵，以英雄为榜样，弘扬正气，传递正能量，才能让民族精神屹立不倒。云龙小学国学厅、伟人长廊等文化场地的布置，便是对学生无声的爱国教育。

图2-1 伟人长廊

图2-2 孔子雕塑

伟人故里实地感知。"数风流人物，还看今朝！""谁敢横刀立马，唯我彭大将军！"毛泽东、彭德怀作为湘潭人民的骄傲，其高大的形象已深深扎根于我们心中。走进伟人故里，倾听伟人故事，展现在眼前的便是一部荡气回肠的中华民族的苦难史和奋斗史，学生更知和平年代和幸福生活的来之不易。

图2-3 参观主席旧居

图2-4 参观彭德怀纪念馆

雷锋精神深入人心。来到雷锋故乡——望城，学生对雷锋精神有了更深刻的认识，"学习雷锋"不是口号，而是行动；"学习雷锋"不是三月来四月走，而是要坚持做好每一天；"学习雷锋"不是作秀，而是要真诚地去做好每一件事。

图2-5 参观雷锋纪念馆

图2-6 同学互帮互助

（2）以美感人

孩子的天性是单纯活泼的，他们往往易于沉浸在美好的事物和向往之中，这就要求教师善于把握机会去适时教育学生。如："神州十号"飞天的神圣、抗日战争胜利70周年"大阅兵"的震撼、奥运赛场上健儿夺冠的振奋人心、五星红旗冉冉上升的庄严肃穆、祖国大好河山的壮美辽阔……懂得这种种的美来之不易，从而升腾起民族的自豪感；懂得只有创造美的人才会有美的享受，从而建立起维护美的责任感。

时时都有德育的契机。抓住机会适时教育比刻意而为之更能感动学生，2013年"神十飞天"，2015年"大阅兵"，都是振奋人心的伟大历史时刻，组织全校学生观看，看到的不仅是一个强大的祖国，学生的爱国情怀也在蔓延。

图2-7 开学第一课

图2-8 观看大阅兵

学生习作：

苍茫大地，中华主沉浮！

马天骥

今天，是一个普天同庆的日子；今天，是纪念正义战胜邪恶的日子；今天，更是一个值得亿万中华儿女自豪的日子。70年前的今天，经过多年浴血奋战，我们终于将帝国主义强盗赶出了中国，取得了反法西斯战争的伟大胜利。

透过聚焦的镜头，我看到的是一派繁荣之景，看到的是一个实力雄厚的中国，看到的更是祖国昂首挺胸的姿态。

"嗒！嗒！嗒！"国旗护卫队整齐有力的脚步声一声声地传来，也敲击着我的心房。他们的步伐是那样坚定，展现出一个大国的威严。听着雄壮的国歌，看着冉冉升起的国旗，我不禁心潮澎湃，热泪盈眶。

习主席乘坐的汽车从天安门城楼里缓缓驶出，他的面容虽然稍显憔悴，但是目光是那样的坚定而又慈祥，只见他一路亲切地慰问将士们："同志们辛苦了！"而士兵们都是大声地回应："为人民服务！"是啊！就是这种无私奉献的精神铸就了我们的民族魂，他们就是一群可敬的祖国捍卫者。

祖国的捍卫者可不止这些，接踵而来的是更威武的装甲车、坦克，一辆辆从我们的眼前驶过。抬起头来，轰炸机、歼击机、舰载机、直升机排着同样整齐的队伍从头顶飞过。一队队"蜻蜓"结伴而来，一排排"银燕"大展风姿，后面还拖着长长的七彩尾气，精彩极了，好似整个蓝天尽在它们的掌握之中。

三个小时后，当最后一辆汽车驶出我们的视野，当最后一架飞机掠过蓝天，当最后一列队伍喊出誓言，精彩的阅兵式拉下了帷幕。

此时，我的心中感慨万分。试想，有哪一个国家的部队如此雄壮？有哪一个国家的实力如此雄厚？我不禁想起毛主席的一句诗："问苍茫大地，谁主沉浮？"现在，我终于可以自豪地喊出："问苍茫大地，唯我中华主沉浮！"

生活大课堂。学校每个学期都会组织学生外出拓展知识，在与大自然的亲密接触中，孩子们学到了许多在课堂内学不到的知识。沉浸在靖港古镇的悠悠历史中，欣赏着盘龙大观园的奇花异草，徜徉于石燕湖的青山绿水间，怎能不陶醉？

图2-9　找春天

民族文化永相传。孔子故乡曲阜，五岳之首泰山，古城西安，作为华夏文明的发源地，一直是国家重要的科教中心，带领学生走进古城，登临泰山，观看封禅大典，传承中华民族优秀文化，也是对学生的精神洗礼。

图2-10　西安游学

（3）以行促知

任何一所学校、任何一位老师都会对学生进行爱国教育，但强调得更多的是对于自己国家爱的情感，让学生知道我们的祖国多么的伟大和辉煌。其实，这种情感几乎是人的一种本能，即使自己的国家有这样或那样的不足，绝大多数的人还是会依然爱着她。就像灾难来临时，大家众志成城；就像中国队与外国队比赛，很少有不希望自己国家赢的。但这并不意味着爱国教育只要激发学生这种情感就可以了，爱国主义的精髓应该在于责任和奉献，更体现在行动上，只有关注国家的发展并主动做出贡献的人才是更深层次的爱国的人。

主题活动精心做。 学校每年度都会组织"义扫县城"、"义务植树"、"爱鸟护鸟"等丰富多彩的活动来细化德育的主题，而每一个活动学校都会先有周密的计划，后有反馈意见及成果展现，使每一个环节都落到实处。

图2-11 爱鸟护鸟从现在做起

图2-12 环保主题绘画比赛

文明县城你我他。 "义扫县城"活动，旨在号召学生热爱家园，用心去维护我们生活环境的文明卫生风貌，让生活在这片土地上的每个人真正感受到家园的清新、洁净。在劳动的过程中，很多学生都深有

图2-13 创建文明县城宣传

图2-14 小手拉大手签名仪式

感触地说："你看，人们太不讲卫生，弄得好多地方都特别脏，太恶心了。我以后再也不会这样随意乱丢垃圾、破坏环境了。"

图2-15 清理草地　　　　　　　　图2-16 清除"牛皮癣"

　　实践作业巧布置。假期是孩子们开展实践活动的最佳时期，作为教育者，我们不能整天把青少年禁锢在书本上和屋子里，要让他们参加一些社会实践活动，打开他们的视野、增加他们的社会经验。寒暑假，学校会充分利用假期有计划、有针对性地开展一系列实践活动，让学生在实践中收获成长。

图2-17 社会实践手抄报

　　2. 感恩——善良是最基本的品德

　　经常听到有人抱怨，现在的孩子越来越以自我为中心，稍有不如意，就乱发脾气、怨天尤人。生活在优越环境中的孩子已经习惯了被爱，习惯了众星捧月的感觉，从而变得越来越自我，甚至越来越自私和冷漠。对学生进行感恩教育，与其说是感恩教育，不如说是良知教育，而善良和仁慈则是一个人美好品德的基础。

　　（1）善良，从关爱身边的人开始

　　其实，每个人在获得关爱后，也有回报他人的情感需要。作为家长是很舍得为孩子付出的，有些家长甚至是在溺爱自己的孩子，然而他们却忽视了孩子其实也有回报感情的需要，就是这种无私的不求回报的爱泯灭了孩子那颗感恩的心。长此以往，孩子会变得麻木而又自私。所以，对孩子进行感恩教育，首先得唤醒孩子那颗感恩的心，要让孩子在付出的过程中体验到快乐。

每年的妇女节、母亲节、父亲节、教师节、重阳节等，都是对学生进行感恩教育的好机会。学校抓住这些契机，鼓励学生送一张自己亲手制作的贺卡；写一篇赞美爷爷奶奶、父母、老师的文章；说一句感谢的话；做一件力所能及的家务……总之，让学生认识到感恩，既善待了他人又快乐了自己。

图2-18 重阳节感恩活动　　　　图2-19 母亲节感恩活动

图2-20 教师节献礼

（2）善良，在服务社会中升华

感恩教育如果仅仅定义为孝心教育是比较狭隘的，还应增强学生的社会责任感，懂得关爱社会、回报社会。云龙小学的孩子家庭条件都很优越，困窘的生活离他们很遥远，也许在他们的潜意识当中，天底下所有的人都和他们一样过着衣食无忧的生活，所有的孩子都和他们一样拥有着良好的学习环境。让孩子走进社会、接触社会，使他们对人间的疾苦多一些了解，使他们亲眼目睹原来在这个世界上还有很多需要被关爱的人，他们便会更加感恩现在所拥有的一切，也懂得将爱的火花传递给素不相识的人，进而转化成一种自觉的发自内心的行为，这便是对学生博爱精神的培养。如果孩子的身上具备了这样一种品质，则不失为一个大写的人。

学校每年度都会有计划地精心组织"学雷锋"活动，通过"爱心义卖"、"爱心捐款"、"与排头乡中心小学手拉手"、"看望福利院的儿童"等活动来细化德育的主题，而每一个活动都会先有周密的计划，后有反馈意见及成果展现，使每一个环节都落到实处。如"献爱心"活动，云龙小学打破了常规捐款的做法，事先确定捐助的对象，把他们的困境告知学生，激发学生的同情心，然后再发动学生进行募捐和义卖，最后组织学生代表将募捐的钱物亲自送到受赠的学生手中，使爱心活动变得具体可感，使活动更具实际意义。

图2-21 爱心义卖

图2-22 爱心捐款

图2-23 与排头中心小学手拉手

图2-24 走进社会福利院

学生习作：

被上帝咬了一口的苹果

李可馨

坐在前往湘潭市福利院的大巴上，望着窗外飞速闪过的高楼大厦，我的思绪也飘飞了起来，不断遐想着福利院的孩子们的样

图2-25 走进贵州山区

图2-26 慰问孤寡老人

子，天真？活泼？可爱？……

"吱呀——"大巴车的大门打开了，一排排三角形彩旗众星捧月般地环绕着一栋蓝色的建筑。走进去，大厅出奇的安静，一位老师笑眯眯地迎接我们："同学们，欢迎你们来到湘潭市儿童福利院，等会儿你们将去看望住在里面的小朋友，一定要给予他们鼓励，好不好？"这时我身边的一位小同学疑惑地问："为什么？"老师的神情立刻变得严肃起来："这些小朋友都很特殊，因为没有健全的身体而被父母遗弃了，他们需要更多的鼓励。"

听到这里，我的心情也变得沉重起来，原来他们并不是我想象中的那么完美，没想到他们的遭遇如此悲惨，没有健康的身体，没有爸爸妈妈的关爱，他们多可怜啊！

在福利院，我们看到了很多孩子的照片，虽然他们身体有残缺，但是他们脸上露出的是开心的笑容，虽然没有来自家庭的温暖，却得到了很多好心人的帮助和关爱，他们也有属于自己的幸福。我们还观看了社明轩小朋友的表演。他略带羞涩地走到人群当中，腼腆地介绍完自己就踏着音乐的节拍开始舞动起来，他的脸上显现出异样的光彩，他神采飞扬的样子使我们也忍不住跟着跳了起来。

看着明轩快乐的身姿，我不禁又陷入了沉思，原来他们就是那些被上帝咬了一口的苹果。

3. 自立——坚毅顽强才能让孩子走得更远

苏霍姆林斯基曾说过："幼年和少年时期过着无忧无虑、心满意足的生活的年轻人，在他们刚刚跨进独立的劳动生活时，往往会感到精神颓丧，对前途失去信心。"孩子长大后，要在这个竞争激烈的时代中生存，发展，获得成功，而不被时代所淘汰，就必须从小培养他们的应变能力，不断学习更新自我的能力以及生活自理能力。

（1）自己的事情自己做

小学生在心理上缺乏独立性、自觉性，哪怕自己会做的事情也想依赖别人。如果稍微迁就一下，孩子就会变本加厉地希望得到帮助，久而久之，依赖便成为一种习惯。过多地宠溺孩子实属害了孩子，从小培养孩子独立自主的能力便是为他今后正常的生存发展提供保障。

小学阶段，低年级学生的生活自理能力较差，随着年龄的增长，其生活自理能力逐渐增强。因此，培养小学生的生活自理能力，要根据小学生的年龄特征，对不同年龄的学生提出不同的要求。例如，对刚入学的一年级学生，教师首先可以教育他们每天要自己完成洗脸、刷牙、穿衣服等小事。再如，对高年级学生，教师可以提出高一点的要求，比如说，让他们在长辈或教师的指导下独立做事、独立生活，主动辨别生活中的对与错，学会用自己的行动去关爱他人。

信任孩子，鼓励他们从小事做起。小学生的好奇心很强，看见大人在做事会要求自己也去做。这时候，教师要做好榜样并且要给他们

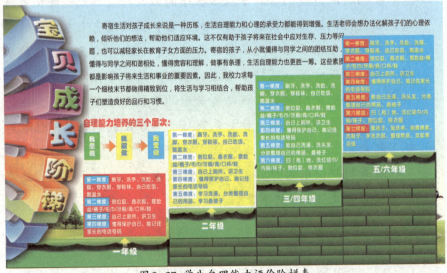

图2-27 学生自理能力评价阶梯表

机会，鼓励他们要好好做，让他们体验到自己事情自己做的乐趣。这样，孩子们才会乐于去做一些自己力所能及的事，久而久之，他们的自理能力也会随之提高。

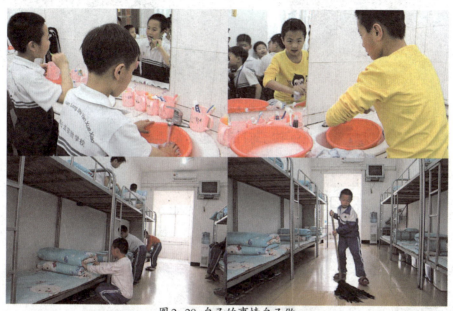

图 2-28 自己的事情自己做

在这些过程中，给予适当指导和帮助。小学生在做事中遇到困难时，家长与老师一定要及时地给予帮助，让他们及时克服困难，而不是把事包揽过来，让孩子失去信心，从而助长"反正有人会帮我做的，我不会干不要紧"的依赖心理。一旦养成了这种坏习惯，孩子的生活自理能力的培养将会受到很大的阻碍。

图 2-29 生活老师悉心指导

多鼓励，让学生感受成功的喜悦和自豪。因为小学生的能力有限，所以有时做的事会达不到预期的效果。这时，教师不能以严格的标准去评价他们，而应该给予表扬，鼓励他们，给他们信心，让他们在多次的实践中总结经验，掌握方法。

图 2-30 好习惯早养成

　　善用比赛，检验能力培养的效果。云龙小学的学生全部寄宿，所以生活老师既肩负着照顾孩子们日常起居的重任，又是孩子自理能力培养的第一责任人。学校每个学期不仅会对生活老师的技能进行考核，还会将学生自理能力的提升作为评价教师的一项重要依据，使培养学生自理能力不再成为空谈，而是有实实在在的成果展示，可以真实地看到学生在校六年每一阶段的变化。

图 2-31 生活自理能力比赛

（2）最是吃"苦"能致远

国家的竞争追根究底是人才的竞争，而人才具备的意志品质当包括吃苦耐劳。从现实生活中来看，但凡在单位里受到领导重视、得到同事尊重、在事业上有大发展的，就是那些在工作中吃苦耐劳、兢兢业业的实干苦干者。一些用人单位在招录新人时也表达了这样一个共同的观点：我们并不只是要招聘一个有高学历的人，更需要那些工作上能吃苦、肯从小事做起的真正的优秀人才！由此可见，具备勤勉踏实的态度和吃苦耐劳精神的人今后发展的空间会更大，走得会更远。而小学阶段是形成良好品质的关键时期，我们必须全方位、多渠道加强培养小学生吃苦耐劳的意志品质。

如今的孩子，尤其是生活在城市里的孩子，不少在"蜜罐"中长大，在学校吃饭要高标准，学习要有有空调的教室，住宿要有带洗澡间的公寓，回家后不是上网聊天就是和同学聚会，寒暑假便是满世界"游学"，日子过得很是滋润。何来吃苦？去哪吃苦？

图2-32 "开心菜园"收获多

　　"苦"从学习生活中来。首先，从日常生活入手，让他们掌握基本的生活技能。现在有些孩子，肩不能担手无力提，干什么都想依赖别人，能偷懒的就偷懒，能省事的就省事，这样下去如何担当得起建设祖国的重任呢？培养孩子的生活技能，既是培养孩子吃苦耐劳品质的前提条件，也是为孩子的长远发展考虑。我们可以从孩子的日常生活入手，教给他们一些基本的生活技能，如打扫教室和寝室卫生、分配班级劳动任务、做力所能及的家务活等等，逐渐形成不怕苦不怕累的优秀品质。

图2-33 "开心菜园"收获多

　　生活在城里的孩子对于植物的生长是很陌生的，常见的蔬菜瓜果都叫不出名字，局限于相对闭塞的环境中，渐渐失去了对大自然变化的敏锐性。于是，我们在校园的空地上给孩子们开辟了一块菜地，并命名为"开心菜园"，带着孩子们种下了许多时令蔬菜，播种、浇水、施肥、收获，孩子们都参与其中，亲眼见证着种子的发芽、开花、结果直至收获。"开心菜园"带给孩子们的远远不止对植物成长过程的熟悉和对四季变化的真切感受，更有劳动的磨炼与收获的喜悦。

其次，从课堂学习入手，培养他们锲而不舍的精神。要让孩子明白任何一个人的成功都离不开自身坚持不懈的努力，学习是一个长久的过程，要想有所收获就得有所付出，就像农民要想获得好的收成就得辛勤耕耘，渔夫若想捕获大鱼就得乘风破浪。我们还可以利用学科特点，发挥学科优势，培养学生良好的习惯和吃苦耐劳的意志品质。如语文课可以要学生每天积累一首诗歌或一段优美的语句，英语课可以让学生每天朗读一小段文章，这样日日积累，周周坚持，就会让学生不知不觉养成一种习惯并坚持下来。体育课更有着别的学科不能比拟的优势，长跑可以锻炼学生意志，接力赛更能让学生积极性倍增。

图2-34 课堂训练主阵地

"苦"从社会实践中来。苏霍姆林斯基说："劳动不是为了好玩，而是指真正的劳动生活——这是要流汗的，双手会磨出硬茧的……"真正的劳动是医治孱弱多病、怕苦怕累、弱不禁风的公子大小姐的良药。只有现在加强勤劳节俭教育，让孩子们经过劳动的磨炼，养成吃苦耐劳的好品质，将来走上工作岗位才能承担重任，才能成为勤恳踏实、吃苦耐劳、尽职尽责的合格劳动者。小学阶段是形成孩子良好劳动习惯的关键时期，切不可错过。

2014年暑假，云龙小学组织学生去贵州省水城县偻么村开展社会实践活动。脱离了优越的生活环境，离开了父母的照顾，孩子们立刻变得独立起来，做饭、洗衣、洗碗、洗澡，都必须亲力亲为。几天下来，孩子们动手能力提高了，也学会了珍惜。在偏僻的大山深处，孩子们看到了平常没有看到过的简陋和闭塞，看到了留守儿童的孤独和无奈，仿佛一下子就长大了。

图2-35 贵州山区变形记

"苦"从拓展历练中来。云龙小学与长沙市雨花营地建立了长期合作关系，每年对六年级的毕业生进行为期一周的拓展训练，训练的内容包括军姿、队列、内务整理等。在这些集体活动中，每一个学生都变成了普通的一个士

图2-36 军营生活磨炼意志

兵，过战士生活，完成教官的指令，接受纪律的约束，接受艰苦生活的锤炼，能更容易激发学生吃苦耐劳的潜能。

图 2-37 军营生活磨炼意志

4. 民主——让学生在参与中学会思考

云龙小学精心营造民主和谐的氛围，给予学生充分的尊重，让他们积极参与学校管理甚至是重大决策，更能激发他们的主人翁意识，培养他们的工作能力和处理问题的能力。

（1）让孩子学会理性竞争

一年一度的大队竞选，给每一位追求上进的少先队员提供了挑战自我的平台，充分行使少先队员小主人的权利。选举活动分为四个阶段：面试、演讲、拉票、活动策划。经过层层选拔留到最后的选手不但要精心准备竞选稿，还要制作个人视频资料，用于最后的全校性的拉票，从而保证了少先队选举的公开透明性，也保证了大队委成员当选应顺应广大民意的宗旨。从中队推荐到竞选结束，各环节都由学生策划，教师给予适当的指导，充分发挥了学生的聪明才智，在这样民主的氛围中他们也学会了理性的竞争。

第二章　精英教育　德育先行

图2-38 少先队干部竞选

（2）让孩子参与学校管理

少代会，为学生参与学校管理提供了广阔的平台。由各中队推荐代表，让他们站在学生的角度对学校设施、教育教学、后勤服务、日常生活以及少先队工作等方面提出建议，从各班征集上来的提案看，更是涌现出许多关心学校发展、善于思考的金点子小达人，很多提案不仅有新意，而且切实可行，可见孩子们的潜力是无限的，我们绝不能低估孩子们的认知水平和思考能力，给予他们一个平台他们便能还你一份精彩。其次，学校云小龙形象图案、数学文化节图标都是在全校范围内征集稿件而定的；学生还有自由选择校服款式的权利，学校提供样品照片，分班进行投票，充分尊重学生意见，也充分体现了学校民主管理的氛围。

图2-39 少代会

图2-40 数学文化节节徽设计

二、做最幸福的"主任"

班主任是学校班级管理的具体实施者,虽然可能是世界上最小的主任,但却是举足轻重的。班主任的工作,直接关系到学校学生管理的效果。云龙小学作为一所高级寄宿制学校,班主任工作的好坏,更是直接影响到学校教育教学的成败。

十年来,班主任队伍建设一直是云龙小学教学与管理工作之中的重中之重。每周定期的班主任培训,每个月的班主任经验交流与总结,每次不吝巨资的外出学习……岁月会眷顾勤奋坚持的人,机会会青睐执着上进的人。十年来,学校的班主任队伍越来越壮大,越来越优秀,成为了教育教学的中流砥柱。

1. 付出——班主任义不容辞的责任

要想做好寄宿制小学班主任的工作,教师要有强烈的责任感。大到孩子们的安全、成长,小到孩子们日常生活的点点滴滴、细碎琐事,这些都是班主任应该关注的。既然已经走进学校这道大门,既然已经走上三尺讲台,既然成为了最小、任务也最艰巨的"主任",就要让孩子们健康成长,全面发展。

作为班主任,他们每天踏着朝露走进校门,让孩子们走出寝室的那一刻就能感受到老师的关注。作为班主任,他们每天坚守在第一线,安排上课学习、课间玩乐、食堂就餐、寝室安睡等各项活动,在忙碌充实中迎来日落。曾经问过学校一位从教二十多年的优秀教师,小学班主任的责任感应该从哪些地方体现。她说:"是在那无数个埋首于成堆的作业本和厚厚的教案本的夜幕里;是在那无数个口干舌燥、喉咙嘶哑的课堂上;是在那无数个和学生促膝长谈的日子里;是在那繁琐的学生纠纷里;是在那绞尽脑汁探索良好的教育教学方法的思考与实践里;是在那"教室—学生食堂—学生宿舍"日复一日、年复一年的奔忙里;是在那带着学生就医、守着学生打针的无数个白天黑夜里;是在那无数个身心俱疲的日子里……"多么朴实而富有哲理的话!寄宿制小学的班主任只有具备了这些认同感,才会感到自己肩上责任的重大,才会心甘情愿地为孩子们付出,班主任工作才会取得令人满意的效果,学校才会真正成为"为孩子终身发展奠基",让家长放心,让社会认可的好学校。

图 2-41 班主任培训　　　　　图 2-42 班主任座谈会

　　十年来，云龙小学的班主任团队以他们兢兢业业、任劳任怨的工作态度，以他们执着坚守、率先垂范的人格魅力，以成堆的荣誉证书，如潮的好评，铺就了最朴实无华的"主任"之路！

　　2. 反思——班主任不断进取的动力

　　有反思才会有进步。一路走来，班主任们且学且行，且思且进。十年来，学校有一批原本就很有经验的教师，他们在新的岗位上继续着热爱的事业。也有一批新生力量，他们在实践中慢慢摸索，在前辈的指导下前行。无一例外，他们在平凡的岗位上辛勤耕耘，在辛苦的劳作中快乐收获。累但快乐着，是班主任们真实的写照。教育教学中的点点滴滴，倾泻在笔端，成了散发着墨香的记录。十年来，老师们笔耕不辍，一篇篇论文心得在各级评比中频频获奖。或许，对于他们来说，获奖不是最大的收获，在经历中有所反思，有所心得，有所进步才是最舒心的喜悦。

　　每一个班主任都懂得：爱是成功教育的一半。特别是在寄宿制学校，班主任更是承担着教师与父母的双重角色。这更要求班主任要有爱心，因为小学阶段正是孩子们偎依在父母怀中撒娇的阶段，而在这里他们却要开始独立生活。班主任首先就要用爱心，让孩子们体会到老师慈母般的温暖，他们才会安心在学校读书。班主任对学生的爱到底体现在哪里呢？有时面对哭闹不停的小孩子，简直是在挑战耐心的极限，令班主任们身心疲惫——每天奔波于教室、宿舍、食堂、操场，给学生上课、教学生扫地、领学生吃饭、哄学生睡觉、带学生看病……而这些现实，恰恰就是班主任对寄宿制学生爱的体现。当你看到班主任守着生病的孩子在医院输液到凌晨，比照顾自己的孩子还无微不至时；当你看到班主任为孩子不学习而大伤脑筋、为偶尔找不到学生而心焦如焚、为做通孩子的思想工作而绞尽脑汁时；当你看到班主任午睡或晚寝时间给孩子整理好被角，无数次将他们入睡前露在外面的手脚轻轻放进被窝里，而自己的孩子却在家里孤独地抱着布娃娃入睡时……你是否震惊了？这些远远超出教师职责范围的事，老师们是怎样坚持了下来？我无数次问他们："是什么力量让大家坚持下来的？"每一个老师都笑笑，说："习惯就好！"那微笑里分明饱含着老师对职业无尽的热爱，那看似轻松的语气间分明隐含着教师对孩子无限的爱意。班主任只有具有这样的爱心，孩子才能把你当成他们真正的老师和朋友，做好班主任工作才能水到渠成。

李婷老师在她的论文《爱，一路相随》中就有着这样深刻的感悟：

爱，一路相随

班级管理工作的复杂与琐碎，想必只有班主任才能有所体会，而这其中的美好，也同样只有班主任才有幸得之。作为一名新教师，我一直在思索一个问题：我能带给孩子们什么？经过一个学期的工作，这一问题的答案也渐渐明晰。

一、做孩子的引路人

英国著名教育家斯宾塞在教育自己的孩子时说："如果我不能给孩子财富，那就给他寻找财富的信心；如果我不能给孩子智慧，那就给他获得智慧的信心；如果我不能代替孩子生活，那就给他生活的信心。"作为一名教师，教给孩子们知识很重要，但教给孩子们自主学习以及独立自主的能力更加重要，我们能做的就是做孩子的引路人，帮助他们往更好的方面发展。

本学期，有幸担任一年级某班的班主任，我的内心有着一丝忐忑，但更多的是欣喜。我清楚地知道，对着一群稚嫩可爱的孩子，教师的作用极其重要，我们是他们模仿的对象，更担负着培养他们学习习惯的重担。刚入一年级，孩子们内心有着新奇与紧张，对新环境需要一个适应的过程，因此最开始，我充当着孩子们的老师、妈妈、朋友……我希望自己能充当孩子们的倾听者，获得孩子们的信任，让孩子们在学校找到归属感。大部分的孩子在老师与小伙伴们的陪伴下，都很快地进入了学习状态。每天晚上，在孩子们就寝前，我都会跟孩子们说一声"晚安"，听着孩子们稚嫩的回应——"老师，晚安"，我的内心充满了幸福。作为一个普通的教育工作者，得到孩子们的信赖，是一件多么可喜的事情。

当然，并不是每个孩子都能照着教师所规划的方向发展。每个孩子都是独一无二的，到了一年级，孩子开始有了自己的想法，他们的自尊心日益增强，在希望得到大人肯定的同时，也渴望得到小伙伴们的认同。因此，部分孩子会选择用自己认为可行的方式来吸引他人的关注，比如小朋友们刻意带喜欢的玩具分给其他人；故意在班级捣乱，制造一些声响引起他人注意等等。其实对于孩子而言，他们并不知道这些方式是不是正确，因此在进行教育前，一定要了解清楚孩子的目的，了解他们内心的想法。就像我们班的美术老师所说的那样："对于孩子的作品，你不去跟孩子交流，你只会觉得孩子画得乱七八糟，但是你如果耐心地跟孩子聊一聊，你会发现孩子的想法非常奇妙，他在作品中画出了自己的世界。"孩子的行为有时候也是这样，我们不能单纯地用大人的评判标准去进行判断，多与孩子交流，才能真正听到孩子内心的声音，正确地引导孩子。

教师，是一个平凡而责任重大的职业，我们应当以身作则，做孩子的引路人，让自己陪伴孩子成长！

二、从《班主任兵法》学习如何带"兵"

从接手新班级以来，对于班级管理，我产生了许多困惑，问过许多老师，却并未得到我想要的答案。有经验的老师向我推荐了《班主任兵法》，我带着一种求解的心理翻开了这本书。

这本书的作者是全国有名的班主任万玮老师，他用简练而极具幽默性的语言为读者介绍了他从教学工作中获得的经验。在他带班的第一年，由于班级管理不当，他被学校撤去了班主任的工作，他不断地反思自己，将自己的反思所得用"兵法"这一形象的说法娓娓道来。

在万老师眼中，教师与学生交往是要学会"斗智斗勇"的，现在的学生受传统的观念影响小，自我意识也很强，教师想要和以前一样继续维持"师道尊严"并不是那么容易。对于与学生的"战争"，他在书中提出了"战略上藐视对手，战术上重视对手"的战略战术，即在面对学生时要有足够的底气，要时刻牢记自己是教师，不应让自己被学生牵着鼻子走，万老师诙谐地说："我就是上门讨债的债主！有了这种感觉，我还怕谁？"作为一个班主任，遇事要不慌不乱，特别是在学生面前，要占有战略上的主导地位。当然，光有战略是不行的，要让学生真心信服你，就必须把学生放在心上，正如《孙子兵法》所言："攻城为下，攻心为上。"战争真正的胜利不是你攻下了一座城，而是赢得这一座城的民心。

对于如何掌握学生的心理，《班主任兵法》一书中给了我许多启示。想要"攻心"，首先必须稳定自己的心理，不要受某些不良因素的影响，倘若你自己的情绪都失去了控制，那还谈什么洞悉学生的心理呢？其次，必须对学生的心理有一定的了解，这就要求教师必须去研究学生，了解心理学方面的知识。只有知道了学生的真实想法，才能做到知己知彼，百战不殆。除去这两点以外，教师还必须懂得随机应变。学生的思想是反复多变的，在不同的阶段也有不同的特点，在班级管理中，经常会遇到一些突发事件，这就要求教师视情况作出不同的反应。作为班级管理者，班主任的心中必须要有一杆秤，做到生生平等，奖罚分明，因为对于学生来说，教师不公平的表扬与批评就是一种心灵的惩罚，班主任需时时刻刻关注学生，做到该表扬时表扬，该批评时绝不心软。

作为一名新老师，无论是在教学还是在班级管理方面，我都有太多需要学习之处，虽然师生之间的交往并不是一场真正的战争，但是对于我来说是一个很大的挑战，我只能通过不断学习与摸索去把握学生内心的真正需要，因为只有了解孩子，才能用适合孩子的方法去教育他们，也才能真正赢得孩子们的信任。

三、细节出真知——从尘埃里开出花儿

教书育人是一件神圣而又复杂的事情，作为一个普通人，你能教给孩子什么呢？除了做人的道理、书本的知识，我想更重要的是指引孩子去拥有发现美的眼睛，让他们从点滴中收获成长。

记得那天，冬日早晨的阳光轻柔地洒在身上，有一股淡淡的暖意。来到操场上，孩子们已经排好队站好，看到我走来，一个个小脸上绽开了花儿，甜甜地叫着："李老师来啦！""李老师，早上好!"看着一个个穿得像小包子的小朋友，心情莫名地愉快起来！在我看来，教师的快乐，正是由这一个个温暖的小细节体现出来的！

陪孩子们一起晨跑，不时地提醒他们队形、跑步姿势，自己也跟着慢跑几圈，往常孩子们跑步都是颇有怨言的，跑几步就喊累，今天不知怎么的，队伍里时不时传来几声嬉笑声，很多孩子都抬头看着天空。等我走近细听，原来孩子们正在聊天上的云呢！我喝了一声："专心跑步！"可自己也忍不住抬起头来，清晨的阳光下，淡蓝色的天空中飘着一朵朵白云，形状各异，的确是美不胜收！我面带着微笑欣赏着，脑子里冒出了一个点子：既然孩子们爱看云，那就让他们停下来好好看一看吧！

晨跑结束后，我让孩子们留了下来，几个刚刚在队伍中说小话的孩子你看着我，我看着你，窃窃私语着："李老师生气啦！要罚站呢！"听着这话，我忍着没有笑出来，带着孩子们排队到了操场，找了一个视野还算开阔的角落，让孩子们一齐蹲了下来。"刚刚跑步的时候，李老师发现很多小朋友都在抬头看，谁能告诉我你在看什么吗？"很快就有孩子忍不住开了口。"既然你们那么喜欢看云，那么现在就认真、仔细地看看，看完之后告诉我，你看到的云是什么样子的？"孩子们一个个抬着头，专注地观察着，很快就有孩子一脸期待地举起了小手，一个、两个、三个……我惊奇地发现，连平常极少举手回答问题的几个孩子也有些羞涩地把手举了起来。更令我欣喜的是孩子们的答案。"我觉得天边的那朵云就像一条小狗，在天上跑来跑去的。""我觉得云像大象，它还在喷水呢！""我觉得……"一个个奇妙而又生动的答案，让我看到了孩子们无限的想象力。这天早晨，我给了孩子们一次又一次的鼓励，伸出了无数次大拇指。

自从这次以后，班上爱举手发言的孩子越来越多了，特别是那些内向的孩子慢慢也变得愿意与大家一起交流了，这些收获是我预料之外的，也让我看到了教育中细节的魅力！

一年级的孩子，对什么都感觉到新奇，有许多奇妙的想法，作为一名老师，我们应该做的就是保护他们的这一份好奇，引导他们把这一个个小想法变成学习的法宝，让美丽的花儿从尘埃中绽放！

其实，每个孩子都很单纯，只要你能抓住孩子的所思所想，选取最适合孩子的方式，给孩子最需要的东西，那么不管是在教学上还是在班级管理中，你都会获得孩子的支持与信任。用你的爱去引导孩子，孩子必将用他最真的爱来回报你，让我们静待花开，让爱伴随孩子快乐成长！

彭灿老师也把她在工作中对学生的点点滴滴融在了《用智用爱，静待花开》中：

用智用爱，静待花开

一直很喜欢一段文字："无论成绩好坏，请想想，每个孩子都是种子，只不过每个人的花期不同。有的花，一开始就灿烂绽放；有的花，需要漫长的等待。不要看着别人怒放了，自己的那颗还没有动静就着急，相信是花都有自己的花期，细心地呵护自己的花，慢慢地看着它长大，陪着种子沐浴阳光风雨，这何尝不是一种幸福。相信孩子，静待花开。也许你的种子永远不会开花，因为他是一棵参天大树……"

读着这样暖暖的文字，我想作为教师，作为班主任，更应该相信孩子，在不违背他们生长规律的前提下，让我们耐心地、静静地等候！

作为一名老师，我时时思索一名优秀的教师是什么样的人。我想那一定是一位最富有人情味的人，拥有一颗爱学生的心，一定不是一位对学生颐指气使的长者，而是一位对学生和蔼可亲的慈母。

苏霍姆林斯基说过："教师不仅要成为一个教导者，而且还要成为学生的朋友，和他们一起克服困难，一起感受欢乐和忧愁；要忘记自己是个教师，而这时，孩子才会把一切都告诉你。"我想爱孩子，就必须走进学生的情感世界，把孩子放在自己的心灵深处怜惜，爱护他们，一起欢笑，一起忧伤，成为他们的知心朋友。我经常跟孩子们说："上课，我是你们的老师，下课，记得我是你们的朋友哦！在你遇到什么困难之时，身为朋友的我定会鼎力相助。"开始他们还将信将疑，后面渐渐地相信我了，通常下课后，部分孩子总要跑到我办公室，告诉我几句话或者小秘密什么的。记得上学期一次下课后，一个女生神秘兮兮地拉我到一边，吞吞吐吐地告诉我谁谁谁来那个了，裤子都红红的，现在坐在凳子上都不敢起身……我马上赶到教室，正值课间，孩子们都在教室里玩耍。为了顾及到那个女生的面子，我立刻组织除她之外的所有孩子在走廊排队，由体育委员带队去操场参加课间活动。一刹那，整个教室静了下来，教室里也只剩下我和她，我马上告诉她该怎么做，并适时地告诉她青春期的相关知识，以消除她的紧张、害怕和疑虑。至今，那个女生和我都是很"铁"的朋友，如班级有什么不好的动向，她都会及时向我汇报，同时，我有什么忙不过来的，她也会主动帮忙，为此，我也一直都很感谢她！

都说教育没有一件小事。记得暑假培训时，董进宇教授说过一句话，让我记忆犹新："你的一句话，可能让学生完全偏航。"因此，作为老师，请注意你的一言一行。或许你的一个不在意的举动，一个关爱的眼神，一个温馨的微笑，在孩子的眼中，那就是爱的流露。冯恩洪老师也曾说过："老师不能不像老师，老师不能光像老师。"这也从另一个层面道出，作为老师，作为班主任，我们既应该是孩子们的良师，更应该是孩子们的益友。

因此，作为班主任，应该用爱去关爱每一位孩子，去了解每一个孩子，正如苏霍姆林斯基在教育孩子之前，都会一一去调查，了解孩子的家庭情况，走进孩子的内心世界，将爱的阳光撒向每一个孩子，我想这点点滴滴的爱，又怎么不会滋润孩子们的心田呢？

……

今天，孩子们即将毕业，再次回首，心中感慨万千。在此，还是借用那则给家长的短信吧——"相信孩子，静待花开。"同时，作为一名教育者，作为一名班主任，面对着不同的种子，让我们细心地呵护，悉心地陪伴，让我们用智用爱，静候花开！

任何一个班主任在工作过程中都会遇到少数特殊的学生，这种学生或许性格古怪，与同伴们格格不入，或许出现违纪现象比较频繁，对老师的劝导恍若未闻，而这些孩子势必会对班级产生不良影响，也不利于自身的发展。因此，做好这类学生的教育工作显得尤为重要。做好这类学生的教育工作，首先要有信心，班主任要深信：只要有信心，就一定可以改变他们。其次，要深入了解他们出现此类不良问题的根源，只有对症下药，学生才会改变。

彭桃英老师在与这类孩子的交流中总结出了"用真心倾听、用真情交流、用原则约束、用赤诚感化"的"四用"原则。

捧一颗真心，献一片赤诚

送走了一届毕业班，来不及喘一口气，我又走进了新的毕业班的教室。刚接手不久，我就发现了棘手的人物。

"老师，小明又和同学打起来了。"刚吃完早餐走进办公室，纪律委员就气喘吁吁地闯了进来。我条件反射地一跃而起，急匆匆地赶到教室，只见小明正将一小个子男生用力地按在地上，周围几个男生正合力抱住他，一个个累得大汗淋漓。看见我来了，劝架的学生连忙松开了手，小明抬头看到我正用严厉的眼神瞪着他，口里不知嘟囔了句什么，一甩手站了起来……

早在接手这个班之前，就已耳闻他的"英雄事迹"。中途转入学校，上课不认真，不能及时完成作业，考卷上乱涂乱画……这些不会殃及到别人的行为，对他而言是小事。下课追跑打闹，随意挑衅无辜者，无视学校的纪律制度，甚至有时和老师顶嘴。家长也因此经常光顾学校，可除了一再拜托学校严加管教外，好像也无可奈何。听到上任班主任介绍他的"斑斑劣迹"，我不由得倒吸了一口冷气。教了十几年书，当了十几年班主任，如此顽劣的学生还真是少见。学校再怎么说也是育人之地，总不能因为孩子顽劣就拒之门外吧。

知己知彼，方能百战百胜。对小明有了比较全面的了解，在面对面之前，我就做好了精心的"战略部署"，准备打一场艰难而持久的"仗"。

果然是名不虚传。虽然早就做好了心理准备，可面对小明接二连三制造出的轮番轰炸，我也是一个头两个大。苦口婆心的规劝，严词厉色的说教，赏识教育的激励，危言耸听的恫吓，各种战略我都一一尝试。而今，在我眼中，小明虽然还会事故不断，但细细留心，发现他也发生了不少的改变。所以，我决定将我的"战略部署"进行到底：

一、用真心倾听

我一直认为，做一个称职的班主任，首先就要公平对待每一位学生，客观面对学生之间行为上和学习上的差异，用心体会他们经历的每一件事情，绝不能因为某一个孩子平时表现得好与差，而武断地判断其在另一事件中的是与非。尤其是面对小明这样性格异常暴躁的学生。我记得，开学第一天，小明就因为在饮水机旁插队接水与同学闹了起来，而被送到了办公室，这是我们的第一次单独交流。看着被扭进办公室、面红耳赤的小明，我足足三分钟没有说话，只是用一种平静的眼神看着他。看着他的气息慢慢均匀，看着他脸上的红潮慢慢褪去，看着他因为我的不说话而一脸疑惑的眼神。我示意他坐下，在要求他讲述事情的经过时，我发现他在表达时经常卡壳，我就及时用词语给他填空。在他情绪激动时，我就要他稍微停息，或用探讨的语气为他补充。或许是我自始至终平静的口吻和面色、坦然的倾听让他有点不习惯，小明把事情说完后，又小声地补充了一句："我就是口渴得不得了，想喝水啦。"我问他："你现在喝水了吗？"他摇摇头。我起身倒了一杯水递给他："假如你不插队，没发生这件事，你现在喝水了吗？"小明又坦率地点点头，这时，我真的觉得他只是一个率性的小男孩。

这以后，不论是平时的课余谈话，还是在小明犯错后的处理过程中，我都尽可能地先给他叙说的机会，让他在叙说的过程中慢慢整理情绪。而在他自身的整理中，我都是一如既往地认真倾听。在他的倾诉中，我知道了他从小就是在爷爷奶奶的身边长大，出远门打工的爸爸妈妈一年也难得见一次面；我知道了他也为性格的暴躁而苦恼不已，但一到事情发生的时候，却怎么也控制不住；我也知道了，因为他的表现一直都很差，成绩也一直在班上的最后面，同学们都不喜欢他，什么事不管是不是他做的，都往他身上推；我还知道了，他的爸爸妈妈因为孩子的发展近况不容乐观，已经将生意转回家乡，甚至有意将他送到特殊学校去，而这是他最最忌讳的……

我用自己的真心倾听着孩子的每一次絮叨，尽管有很多时候，孩子是在为自己所犯的错误找开脱的借口，但是，在这一次又一次的倾听中，我欣喜地看到了小明细节上的改变：他会在进办公室之前喊"报告"了；他有时也会在与其他同学发生分歧时，先来找我了；更重要的是，在老师批评他的时候，他也能学着低头认错了。据我所知，这在以前是前所未有的，他是宁愿与老师当场争个面红耳赤再接受学校批评也绝不求饶的。看来，我这个身体力行的倾听政策在持久战中已初步告捷。

二、用真情交流

双困生的成因是复杂的，除有学生自身的原因，还有一些客观因素，例如家庭的不良影响与不当教育，社会环境中不良因素的影响，甚至有时也包括学校、教师教育工作的失误。这往往是导致学困生、德困生"差"的重要原因，这个原因却在孩子的转化教育中经常被忽视。小明不止一次跟我说过，他从小就非常渴望爸爸妈妈陪伴在身边。虽然物质方面他从不比别人差，但是每次看到别的孩子在父母的呵护中开心玩耍时，他的内心就羡慕不已。所以不论什么东西，只要是他想要的，他就想方设法要得到，仿佛只有这样，才能让他找到自信，才能让他觉得自己不比别人低一等。这样逐渐养成了他唯我独尊的个性，即使是在学校，面对众多的同学，一旦与自己的意愿相违背，他也绝不容忍，发了狠地与别人争斗。试想，这样的心态，怎能与同学和睦相处？怎能安安心心搞好学习？面对既定的事实，我觉得再一味地去责怪小明一是无济于事，再者，也于他不公。毕竟是年幼的孩子，若没有正确的引导，性格走入极端也不足为怪。为了更多地获得小明的信任，让他有更大的转变，我每周至少与他的爸爸妈妈电话交流或面谈两次。从孩子偏激的性格，到孩子目前的变化；从孩子落后的学习状况，到孩子不久将面临的初中择校考试；谈得最多的是孩子目前性格的形成原因及如何慢慢扭转的话题。小明的家长因为孩子的问题，对当初自己没有将孩子带在身边的做法后悔不已。如今，看到孩子有了变化，心里特别高兴。听到我说父母亲情的陪伴，会让孩子在潜意识里消除对父母的抵触情绪，对亲情产生依赖，于是，每周星期三都来校探望孩子，到周末的时候，又及时将孩子接回家。在我的建议下，他们还两次带孩子到心理专家处咨询，希望找出孩子心理的症结。

在校期间，因为这种特殊情况，对于小明的饮食起居，我都格外关注。我鼓励其他孩子敞开自己的心扉，不计前嫌，让小明融入到大家庭里。虽然孩子们起先并不情愿，但总有一些碍于班主任的面子。何况，刚开始的时候，我也怕小明与同学冲突不断，总是亲自上阵，表面上是与他们一起嬉戏，实则是在监督。令我欣慰的是，由于我的介入，小明也开开心心地与同学们玩在一块啦。虽然时不时地还是要为他处理各种纠纷，但是，看到他在同学中玩得兴高采烈的身影，我从内心觉得他真的还只是个天真的孩子。

在学习上，小明落下的功课相当多，可以说要修补这个漏洞还是个浩大的过程。俗话说"心急吃不了热豆腐"，对于小明的学习不宜一下提出过高的要求。我在与他的课下交流中，切实了解他在学习中遇到的困难，对症下药，注意培养他学习兴趣的稳定性和集中性。另外，在课堂教学中，我注重多给他举手发言、发表见解的机会，多鼓励他回答一些较简单的问题，使他在学习找到乐趣，于困难中求得喜悦。

精诚所至，金石为开。我所付出的真诚不是一时一刻的表演，而在于朝朝夕夕的积累。每一个孩子都是至诚至真的，老师的真心付出他又岂会感受不到？小明写得并不是很通畅的作文中有这么一句话深深触动着我的心："和彭老师说话，我很舒服，和彭老师相处几个月了，我没有和她吵过架，以后我也不会和她吵架的。"

三、用原则约束

对于小明这样的学生，仅用温柔还是难以攻克的。毕竟，他的顽劣不是一天两天，甚至也不是一年两年。适当的时候，我雷厉风行的工作作风还是帮了我不少忙。教过小明的老师大都有过与他发生冲突的经历，说起来都是哭笑不得。因为没有谁能预料，小明在什么时候就会情绪失控，就会不顾场合、不顾对象地大吵大闹。对于这点，我倒还是蛮有自信的。因为我曾在农村中学带过潜能班，对这些孩子违反纪律的行为，我能得心应手地处理好。相对于小明这样的问题学生，同样，该严厉的时候，也就决不能姑息。尤其是第一次的正面交锋，也得给他点"颜色"瞧瞧。记得是开学的第二天，小明就被几个男生架进了办公室，我示意其他孩子离开，然后坐在凳子上一言不发地盯着他。一开始，小明也高昂着头，一副无所谓的样子站在我面前，甚至还不时晃动几下。可随着时间的流逝，十分钟，二十分钟，半个小时过去了，我依然不动声色，小明却有点不自在了，他慢慢停止了摇晃，头也渐渐低了下来。毫无疑问，第一回合，我占据了优势。当我得知整件事只是小明在无理取闹时，我狠狠地批评了他，要求并亲自督促小明当面向对方承认错误。我总觉得一个班主任，是有必要让学生感受到自己的威严的。慈爱固然重要，但在原则性的问题上，我一定不会让步，该让孩子承担的责任就必须要让他勇敢地承担起来。而且要让孩子认识到，这些问题是没有讨价还价的余地的，更不会给他蒙混过关的机会。只有一视同仁并自始至终地贯彻这一点，才能让孩子甘心受罚，诚心改错。面对这样难缠的孩子，在呵护的同时，必须要让他切身体验到原则的公正，要让他在随心所欲地犯错之前有所忌讳。

四、用赤诚感化

没有情感的教育是苍白无力的教育。所以要用尊重、体贴、关怀去对待学生，用爱的温暖去感化学生，用信心、诚心、恒心教育学生。特别是对双困生，教师只有用一颗赤诚的心融化他们的情感之冰，学生才能真正热爱学习并走上健康的人生道路。

小明已相继转了几个学校，相信这并不是他乐于接受的。我坚信，只要教育者诚心用爱去感化，就没有转变不了的学生。面对小明最初的试探，无理取闹，事情不分大小我都无一落下。我要让他觉得，老师自始至终都在关注着他。若稍微因一件小事对他漠不关心、不闻不问，说不定就前功尽弃。我对小明是发自内心地关爱，尤其是相处一段时间后，我发现他真的是个很坦率的男孩。我经常在中午休息或下午的空余时间，带着小明到操场做做他喜欢的体育运动，或温习温习功课。有时我还将他带回家，让他看看电视，和我的孩子一起做做游戏。总之，我尽量不让他觉得与我相处有一种压迫感。就是这一份随意的亲近，反而让我渐渐地打开了小明的心扉。如今，有什么心里话，他也会主动找我倾诉。每次，我都抓住机会，适当引导他正确判断是非，为困惑中的他指点迷津。每次看着他或一脸开心，或一脸沉思地返回教室，我就会不由自主地露出会心的微笑。

高尔基说过："谁爱孩子，孩子就爱谁，只有爱孩子的人，他才可以教育好孩子。"从小明的转变中，我更是深深地感受到了捧着一颗真心，怀着一腔赤诚，任他是坚冰也终有融化之时。教师是一种职业，而教育孩子是一生的事业，让我们真正地关心每一个学生，让每一个孩子在我们的关爱中茁壮成长。

陈颖玉老师在教育事例中侃侃道来，用偏爱，撑起特殊学生心灵的风帆——"有意识的'偏爱'，不是纵容，不是无原则的迁就，而是一种教育的艺术。它是一簇火苗，能点燃孩子心中的梦想；它是一种力量，能撑起孩子心灵的风帆。"

有意识的"偏爱"

一、偏爱，带他融入集体生活

每天下课，小宋除了上卫生间以外，总是一个人独自默默地坐在座位上，对于身边的嬉笑声、交谈声，他充耳不闻。一天下来，也只有一种表情，似乎对什么都提不起兴趣，对什么都漠不关心。好心的孩子有时也想拉他一起玩，但是他总是不为所动，久而久之，同学们也不再强求，对他的冷淡也习以为常了，他成了班上最孤独的个体。他习惯于把自己隐藏起来，但是又那样地引人注目。他的独来独往，总是那样与众不同；他的形单影只，总会让人心生怜惜。

这是一个不快乐的孩子，要改变这种状态，我觉得首先得让这个孩子融入集体生活，那怎样才能敲开他封闭的心门呢？活动是最快捷的途径。每天的大课间，按照学校的要求，每一个孩子都得离开教室到指定地点活动，他不可能再待在座位上，我们班的孩子都喜欢跳绳，男女两支队伍玩得不亦乐乎，而他往往是有多远躲多远，只是远远地望着同学们玩。我总会强行把他拉进队伍一起跳，开始自然是跳不过，动作极为笨拙，且面红耳赤的。这时，我便亲自摇绳，让他站在绳子中间，指挥他按照我的口令起跳，一次又一次，终于让他找到了感觉。从此，他不再逃避，长龙般的队伍中有了他的身影，每次轮到他跳的时候，我总会故意放慢速度让他跳进去，对于我的偏爱，孩子们心领神会，也常常配合我给予小宋鼓励，面对同学们的掌声，他的脸上依然会露出羞怯的笑容，不过多了一丝愉悦。当成功的次数越来越多时，他脸上的表情也变得丰富起来。现在的他能轻松地穿梭于跳绳之间，像一只轻快的燕子，也会主动加入打乒乓球、玩游戏的队伍，开始显露出一个正常孩子的活泼可爱。他像一滴水融入了集体的大海，像一棵树林立于集体的森林。

二、偏爱，帮他找到学习的乐趣

说到小宋的学习，简直让人绝望，因为从入学开始他就没听过几节课，拼音一个都不认识，简单的加减法都要琢磨半天。正因为有太多的知识不了解，所以他对学习提不起半点兴趣。提到学习，只会平添他更大的挫败感。

为了改变他的这种状况，我想了很多办法。一方面帮他补基础，从补习拼音和加减乘除开始。另一方面上课时想办法让他动起来，最好的办法便是经常叫他回答问题。问题的设计也有讲究，要根据他的学识能力估计他能够回答上来才行，否则会适得其反，比如带读生字，朗读一小段文字，学说一个简单的比喻句。总之让他在全班同学面前有机会开口，促使他集中注意力，养成良好的听课习惯。带读生字的时候，哪怕只读对了一个生字我也会毫不吝啬地表扬他；朗读课文时，哪怕吞吞吐吐也会得到同学们的掌声。久而久之，他会主动抬头看黑板了，会主动提笔写字了。上语文课时，他知道我准会叫他带读，所以每一次都是充满期待地望着我，而且正确率越来越高。有一次，我布置的作业是课外古诗文的背诵，我发现他下了课就在座位上轻轻地读，默默地记，等到检查的时候，他竟然非常流畅地背诵了出来，而且一字不差，无疑让我看到了希望，原来他并不是一个愚笨的孩子，改变他会比我预想的要轻松很多。此后的每一次背诵，他真的做到了又快又好，让全班同学对他刮目相看，小小的成就感也激发了他学习的兴趣和自信。现在他的成绩已经提高到了60多分，虽然也偶有不及格的时候，但比起以前稳定的20多分，已经是巨大的突破了，最让人欣慰的是他不再抗拒学习。只要努力便有希望。

三、偏爱，让他得到同学的认同

往年的班干部竞选，总是学生自愿报名，结果上台的总是那么一部分人，得到职位的也总是那么几个。为了照顾到像小宋一样默默无闻的孩子，对今年开学的班干部竞选我进行了改革，增加了不少职位，如课桌管理员、花草管理员、书包管理员、书吧管理员等等，在班上实行精细化管理，让每一个角落、每一件事情都有专人负责，并且要求所有孩子都必须上台演讲，给一节课的时间写竞聘稿。所有孩子都得积极准备，哪怕没有被选上，至少也得到了一次上台锻炼的机会。再也没有置身事外的，再也没有只当听众的。

当轮到小宋演讲的时候，没想到平时羞怯的他竟然不再脸红，眼神不再闪烁，他一直目光坚定地望着台下的同学，发表了自己的竞选宣言，声音洪亮，赢得了全班同学的热烈掌声，并高票当选课桌管理员。一个学期过去了，他每一天都会督促同学们及时整理课桌内的物品，将课桌摆放得整整齐齐，如果有没按要求做的同学，他不会批评，而是默默地帮助他们摆好。他就是这样无声地影响着同学，也赢得全班同学的尊重，还被评为"优秀班干部"。

孩子的发展更多地取决于我们对他的态度，对于特殊的孩子，我们更要倾注爱心，以尊重、赏识唤起他们的进取心，以真诚、宽容激发他们的上进心，努力消除他们的心理障碍，引导他们力争上游、健康成长。有意识的"偏爱"，不是纵容，不是无原则的迁就，而是一种教育的艺术。它是一簇火苗，能点燃孩子心中的梦想；它是一种力量，能撑起孩子心灵的风帆。

黄可老师则从"潜能生"产生的主要原因入手，用自己的真诚，真心地给予"潜能生"更多的关心和关爱，帮助他们进步与成长。

"潜能生"的转变

面对"潜能生"我们自然不能视而不见，然而"潜能生"的转变也不是一蹴而就的。转变"潜能生"，我们首先就要知道"潜能生"产生的主要原因：

一、家庭方面的原因

我所在的学校是一所高级寄宿制学校，这里的孩子大多是独生子女，物质生活富裕，作为家长要么是溺爱，让孩子从小就在百依百顺中养成了以自我为中心的习惯，较少顾及他人感受；要么就是放任，孩子在"自由"中疏远了约束，也疏远了感情，养成了懒惰、散漫的坏习惯。更因为家长对其过分保护，现在的孩子大多经不起"风雨"，受不了挫折。

常说"家长是孩子的第一任老师"，但不少家长却不知不觉地以自身并不美好的言行影响着孩子。胸无大志、工作懒散、生活平庸、言谈粗俗、热衷于赌博，这些行为对孩子有着很大的负面影响，最终是害人害己。

案例：张同学，男，生性活泼好动，异常贪玩，而且还有一些不好的行为习惯，如爱说脏话、经常拿他人财物；学习上兴趣不浓、成绩差、学习的自觉性也不高。虽多次与其沟通交流、课外加强辅导，但是效果不佳。在一次谈话中我问其父母是做什么的，他的答案让我哭笑不得，他天真地告诉我："我爸爸是睡觉的，妈妈是打牌的。"试问在这样的家庭环境下长大的孩子如何成才呢？

一个温馨美满的家庭，不仅是孩子生活的港湾，从教育的角度看，更是他们健康成长必不可少的良好环境。相反，夫妻经常吵闹不和，无疑会在孩子心中投下生活的阴影，扭曲他们的道德是非观念。由于父母离异而造成的家庭破裂，让一些子女失去了应有的家庭温暖和教育，不少孩子渐渐成为学校中的"后进生"、"问题学生"。

案例：李同学，男，父母离异，且都再组建了新的家庭，据家长所说，这个孩子在父母离异之前是个性格非常开朗活泼甚至还有些霸道的"小皇子"，父母、爷爷奶奶都对其宠爱有加，父母离异后，他的话少了，即便是说话，声音也是非常小，表面上看他是乖巧了，但没有人知道他内心到底是怎么想的。孩子的亲妈，总觉得自己对不住孩子（大多离异家庭的父母都会对孩子心存愧疚），对其更是溺爱，每次来看他不仅会买大量肯德基等垃圾食品，还会给他上百块的零用钱，每周末也总是不忘带他出去玩耍，反之，对其学习没有什么要求，亦很少过问孩子的学习情况，故该生的学习成绩一直是老师严格，他的成绩就上升，老师一放松，他的成绩就下降，而他直至转学之前也未能养成良好的学习习惯。

二、个人方面的原因

1. 身体状况。体质较弱或患有某些疾病的孩子，自然会导致学习成绩不佳，以致成为"后进生"。有些身体羸弱的孩子经常生病感冒，而且每次时间较长，势必会耽误一些课程的学习，长此以往在面对学习时会越来越吃力。

2. 心理状况。个别学生因先天性疾病，反应迟钝，接受能力较弱，在学习上比其他孩子学得吃力，往往成绩也不理想，这部分孩子在刚入学时因为所学知识比较简单，每天的知识量也不大，经过老师课后反复补习、巩固，每次考试成绩也不至于太落后，可是随着知识量的不断增加，难度不断增大，大部分孩子会因懒惰，放弃学习，上课不想听，作业不想做，加上家长对这部分孩子或因存在愧疚心理，或因期望值不高而从不给他们施加压力，只求他们平安健康长大，这就势必导致他们自我放弃。

我之所以认为这部分孩子不是身体问题，而是心理问题，是因为疾病等先天性因素虽会对他们的学习产生一定的影响，但绝对不是最主要的，他们自始至终对待学习的消极态度和行为才是他们学习落后的真正诱因。

三、学校方面的原因

1. 教师的歧视。这种歧视，不一定是教师的自觉行为，但后果却是使这些学生丧失了自信，丧失了自尊，更严重的是在他们心中播下了对教师乃至教育的敌意。

2. 教学的失误。这主要表现在教师教学上的"一刀切"。"因材施教"是古已有之的教学优良传统，但一些教师在教学中总习惯于让所有学生"齐步走"，不断积累的学习成绩差异使越来越多的学生沦为"后进生"。

造成"潜能生"的原因，在家庭、个人和学校三者中，来自家庭和学校的原因占主要地位，其中最主要的原因来自家庭。但对我们教师来说，我们在研究和改变"潜能生"时，应该把着眼点放在学校教育方面。

首先，我们应一视同仁地对待学生，给所有学生平等的爱。教师对"潜能生"真诚的爱，是改变他们的一剂良药。"潜能生"因为成绩的落后，因为行为上的偏差，往往成为被呵斥、嘲笑、辱骂的对象，因此，面对他们，我们更应该给予他们心灵的呵护，帮助他们重拾尊严和自信。当然，这种爱不应是虚假的爱，也不应是特殊的偏爱，应该是自然而然的与对待其他学生一样的平等的爱。另外，这种爱不是来自一个老师，而应是来自所有老师，来自学生集体，要让"潜能生"感到不但老师没有歧视他，而且同学们都在尊重他，消除他们心灵上的阴影。

其次，要有耐心，持之以恒。"潜能生"的自我教育很难一劳永逸，相反，这是一个充满反复的长期教育过程。"犯错——认错——改错——再犯错——再认错——再改错……"这是"潜能生"普遍存在的循环问题。教师因此斥责学生"屡教不改"、"光说不做"、"本性难移"等等，是极不公正的。要求"后进生"在一个早晨就根绝所有坏毛病，显然是不可能的，但我们可以让他们通过自我控制而逐步减少犯错次数。面对"潜能生"的一次次"旧病复发"，作为教师，我们应充满耐心和信心地鼓励学生一次次战胜自己，让学生看到自己的点滴进步，体验进步的快乐，进而增强继续进步的信心。

再次，注意自己的言行，不伤害学生的自尊和心灵。从教三年以来，由于脾气不好、修养不高以及其他种种原因，我的教育不止一次出现失误，我批评学生时，有时不注意措辞，激愤之中往往尖酸刻薄。从教育手段来讲，可以说教育的艺术就是语言的艺术，但我的语言有时却无形中伤害了学生的自尊和心灵。作为教育者我们不要用刻薄的语言伤害学生的自尊心，不冤枉学生，不在学生面前表现出对他的绝望，不对学生说"你是不可救药的"之类的话。

最后，要讲究有效方法。在这里更强调"有效"，"有效"的方法往往含有"科学"的因素，但有时"科学"未必"有效"（比如缺乏可操作性、缺乏具体针对性等），我们应艺术性地采取有针对性的行之有效的方法来改变"潜能生"。

当我们自然而然地走进"潜能生"的心灵，而他们也乐于主动向我们敞开心扉时，我们的教育之舟便已驶入了成功的港湾。

班主任工作的路上几多辛劳，几多欣慰，几多收获，这又岂是三言两语可以道尽的？陈惠、马意、廖艾红、鲁孟君等老师，她们把自己在班主任工作中的心得体会整理成文，让更多的班主任有了可以借鉴的蓝本。

可亲可敬的班主任们认为自己只是做了自己最喜欢的事，说了自己最喜欢说的话，在班主任的成长路上且行且歌。

3. 荣誉——班主任辛勤付出的收获

尽管班主任们真心实意的付出无关名利，但是，桃李不言，下自成蹊，有付出一定会有回报。十年来，他们不仅让自己无数篇文字散发着墨香，更将一摞摞的证书收入囊中。老师们用自己的热忱燃烧着自己的青春，收获着自己的喜悦。

图2-43 彭桃英、冯圆媛相继被评为"湖南省优秀中队辅导员"

图2-44 鲁孟君、马意等老师被评为"优秀德育工作者"

图2-45 陈颖玉、马意、彭灿、彭桃英等老师被评为"湘潭市优秀班主任"

图2-46 陈惠、伍婧、廖艾红、刘旭明、周亚琼、吴浪等老师
被评为"湘潭县优秀班主任"

4. 坚守——班主任的执着

班主任工作，不仅仅是一种责任，更是一门艺术。如何步入班主任工作的艺术殿堂，关系着师生关系的融洽，关系着千家万户的命运，关系着学校的发展，尤其关系着学生的未来。班主任工作成功了，学生不但学会了如何求知，而且更学会了如何生存与做人。做幸福的班主任，奠基学生的成功人生，是每一个"云小人"的理想和追求。

随着教育教学改革的发展，班主任专业化发展势在必行。它是全面贯彻党的教育方针政策，全面实现现代化素质教育的根本保障，是学生个性健康和谐发展，社会主义建设事业不断进步的动力源泉，更是班主任老师实现人生价值、事业幸福的必由之路。路漫漫其修远兮，吾将上下而求索。在今后的工作历程中，云龙小学的班主任们必将努力向多方面发展，让自己在教育教学工作中与学生共同成长，并在教学道路中更趋于成熟、稳进，在日渐成熟中积累经验，丰富底蕴，大胆创新，勇于实践，成就自己的教育梦想。

三、家校共育，创和谐教育

学校教育和家庭教育就像两根强健的支柱，共同撑起一个"人"字，相互支持，相互依赖。没有家庭教育的学校和没有学校教育的家庭不可能完成造就全面发展的人这一极其细致艰巨的工程。学校只有加强家校联系，不断争取家长的积极支持和配合，形成强大的教育合力，发挥整体教育效应，才能取得好的教育效果。

每位家长，每位老师，都希望孩子受到良好的教育，在书香飘逸的校园健康快乐地成长。十年来，学校为家校沟通搭建了良好的平台，通过多种途径进行家校沟通，实现了学校—家庭共同发展，创造了和谐教育的崭新局面。

1. 家委会——搭建家校共育的平台

学校坚持把家校联系工作作为一项常规工作来抓，在全面推进素质教育的进程中，努力搭建家校共育的平台。为了增强教育的连贯性和针对性，学校创新性地建立了校级、班级家长委员会。学校成立了家长委员会领导小组，制定了家长学校工作计划和工作章程，明确了家委会的工作职责。

图2-47 校级家委会成立大会

学校每年成立一届校级家委会，每个学期至少组织召开两次家委会会议，就学校的重大决策向家长征询意见。为使家长委员会成员进一步了解学校内部的教育教学情况，并为学校教育学生提出更有效的建议，学校给每位委员发放了特别通行证，委员们能凭证全天候进入学校督查指导学校教育教学、生活服务、后勤管理等各方面的工作。为使家委会委员们时刻了解学校发展的动态，学校每月一期的《简报》都及时发放到了委员们的手中。学校以最真诚的态度搭建的家校沟通平台赢得了广大家长的信赖。

附：2014年湘潭县云龙小学《家委会章程》

第一章　总　则

第一条　组建家长委员会，是进行学校整体改革，形成以学校为核心，辐射到家庭，延伸到社会的三结合育人网络的重要环节，也是德育工作宏观决策和管理的需要。

第二条　学校德育工作需要学校、家庭、社会三方面的重视，需要全社会的关心、支持与参与。检验学校德育工作的实际成效、评价学生的思想品德水平，既要看学生在校表现，还要看学生在社会上的表现。建立家长委员会，有助于对学生在社会上的表现进行指导、监督、评价、反馈，拓宽教育阵地，形成共同关心下一代健康成长的良好社会环境，推动学校教育工作由封闭型向开放型转变。

第三条　随着社会科学文化的发展，人口素质的提高，学生家长的教育经验越来越丰富，对教育也越来越关心。建立家长委员会，有助于发挥家长这一优势。

第四条　家庭教育是教育的重要组成部分，它在青少年良好思想品德形成过程中，以一种长期的潜移默化的形势发挥着特殊的作用。建立家长委员会，有利于指导家庭教育，提高家庭教育水平。

第五条　建立家长委员会，有利于集一批热心于下一代教育的有识之士，在做好实际工作的同时，对学校教育、校外教育，特别是学校德育整体化、网络化进行探讨和研究。

第六条　家长委员会设校级和班级两个级别，是联系学校、家庭、社会教育的桥梁，又是促进学校、家庭、社会联系，加强学校、家庭、社会三结合教育的一种组织形式，简称家委会。

第二章　职　责

第七条　明确工作职责。

1. 主任：负责委员会全盘工作。协调各委员之间的关系，配合协调学校与教育行政部门及社会有关部门的关系，参与决策学校重大方针政策的调整，制订家委会工作计划，总结工作经验。

2. 副主任：协助主任开展工作。检查督促各班级家委会开展各项工作，组织和通知有关人员参加会议，作好大事纪要。

3. 委员：负责了解和指导家长的家教和社教工作，改进教育方法，帮助学生端正学习态度，负责协调家长与学校、家长与社会、家长与班级、家长与家长的关系，总结家教经验，推介家教社教典型，推动全体家长家教社教水平的提高。

第八条　严格遵守学校各项规章制度，注重自身品德的修养，严于律己，进校园后不抽烟，不嚼槟榔，举止言行处处做子女的表率。

第九条　主动与老师、学校联系，及时交流情况，共同教育子女，积极参加各项活动，履行好自己的职责和义务。

第三章　任　务

第十条　参与学校管理，拓宽家庭教育、社会教育与学校教育结合的渠道，创造家庭与学校、社会与学校、家长与学校双向交流的条件，探索全方位、开放式的家庭教育模式，初步形成家庭教育、社会教育与学校教育协调一致的格局。

第十一条　协助学校和班级做好学生和家长的思想工作，认真听取家长改进学校工作的意见和建议，并负责转达；协调家长与学校、家长与班级以及家长与家长之间的矛盾，尽量做到家长、社会、学校"三满意"。

第十二条　协助学校办好家长学校，协助学校搞好家长培训班的宣传动员工作。

第十三条　每位委员持学校特别通行证，可以随时来校了解学校教育教学、生活服务、后勤管理等方面的情况（每学期保证来两次以上），由学生科专人陪同。委员有义务和责任向全校每位家长通报学校的相关情况。

第十四条　搞好"校委会家长接待日"活动。校委会接待日时间为每周周五下午两点半到四点半，为家长排忧解难。班主任每周五放学时间可接待家长来访，家长来校了解学生的学习情况，教师应热情接待，与家长亲切交谈，共同商讨教育学生的对策。

第四章　附　则

第十五条　本章程在家长委员会上讨论通过，自2014年11月开始实施。

附：湘潭县云龙小学2014届家长委员会工作计划

一、指导思想

积极构建学校、家庭、社会一体化的教育体系，增强家庭与学校之间的有效沟通，形成教育合力，促进学校工作健康有序发展，办让家长最满意、学生最快乐、最能成才的精品名校。

二、工作目标

积极构建学校现代家庭教育体系，使学校教育和家庭教育达到"同步"；教师教育和家长教育达到"同心"；学校教育和社区教育达到"合力"，努力营造有利于学生健康成长的育人环境，不断提高学校家长委员会工作的主动性、针对性和实效性。

三、工作措施

1. 加强组织建设

学校成立家长委员会工作领导小组。

主任：贺博（41班任子真同学的家长）。

委员：各班家长委员会主任。

2. 规范管理过程

（1）领导小组定期进行专题学习研究，不断更新工作方法。

（2）定期召开家委会会议，发挥代表在学校管理中的知情权、参与权、评议权、监督权、参与决策权。（每期至少两次）

3. 采取有效措施

（1）建立家庭与学校的绿色通道

学校设计发放"家校有约"热线联系名片，向每一位学生家长公开学校校委会成员、家长委员会成员的联系电话。家长可以随时向学校相关领导、家长委员会成员了解孩子在校学习、生活情况，交流教子心得，以及提出对学校管理的建议和意见。

（2）鼓励家长积极参与学校管理

欢迎每周日下午校级家委会主任参加校委会会议，到校办公督促学校教育教学的规范运作，并向学校提出合理化意见和建议，协助学校搞好各项工作。

定期召开家长会，通报学校教育教学、收费、后勤服务等工作，听取家长意见、建议。

（3）建立家长评价的运作机制

采用问卷调查等形式，为家长能客观公正地评价教师的教学工作、班主任工作等学校各项工作提供平台。

（4）展示家长委员会工作的成果

搜集来自家长的教育心得和建议，总结、推广成果和经验。学校每期评选"优秀家长委员会委员"，感谢并表彰为学校献计献策的典型。

（5）深挖资源，努力开辟学生社会实践的第二课堂，培养学生综合素质

总之，学校将竭尽所能为家长委员会搭建舞台，使其在当好孩子辅导员的基础上，成为家校的联络员、学校的监督员和宣传员，更成为学校教育教学工作的智囊团。

四、具体工作计划

2014年10月份：

筹备家长委员会。

11月份：

召开2014届家长委员会成立大会；推广优秀教育心得或家教讲座；邀请家长参与学校"金秋体育节"活动。

12月份：

家委会成员参观了解学校教育教学活动和后勤服务工作。

2015年1月份：

新年联谊会；家长委员会学期工作总结；学校工作问卷调查。

3月份：

家委会成员参加学校活动（"学雷锋"活动）；家委会成员参观了解学校教育教学活动和后勤服务工作。

4月份：

家委会成员参观了解学校教育教学活动和后勤服务工作；家长学校培训。

5月份：

家委会成员参加"六一"活动和家长座谈会；学校工作问卷调查；家委会成员参观了解学校教育教学活动和后勤服务工作。

6月份：

家委会工作总结会议及联谊活动；优秀家委会成员评选表彰。

湘潭县云龙小学2014届家长委员会

2. 沟通方式——保证家校共育的效果

有人可能会质疑："寄宿制学校的孩子一周有五天待在学校，家长怎么可能具体了解孩子在学校的情况？"事实证明，学校通过与家长建立各种沟通途径，让家长及时了解孩子在校的情况，让他们放心。

（1）口头交流

真诚主动的交流永远是良好沟通的前提。在学校，班主任、科任老师善于抓住学生周五放学、周日返校的时机和家长交流，反馈孩子在校的情况。这种交流让家长及时了解孩子的学习动态、思想动态，形成教育统一战线，让教育形成合力，"5+2＞7"，发挥教育持续性作用。学生在校上课期间，遇到特殊情况，老师们总是第一时间打电话和家长交流。周末放假，班主任领头，和科任老师一起家访，了解学生的家庭状况、学习环境和学生在家的表现，了解更真实、更全面的学生情况，了解家长的希望、要求以及教育方法等，为今后的教学工作奠定基础。

为了让家长进一步了解孩子的成长情况，学校经常把家长请进校园。在新队员入队时，学校邀请家长参加主题为"红领巾，我为你骄傲"的入队仪式，让家长看到自己孩子的成长；在校园文化艺术节中，家长们在精彩的表演中看到了孩子的艺术才华；在金秋体育节中，一起参与亲子项目，享受到了齐心协力共进退的快乐；在"书香校园"的创建中，爸爸妈妈走进课堂，成为了同学们喜爱的"故事爸爸"、"故事妈妈"。教学开放日，则是全校所有班级课堂的一次集中展示。家长可以在教室内聆听教师上课，或是与孩子一起互动，亲眼目睹孩子上课的表现。除此之外，学校还会邀请家长参加一些重大活动，如"教师才艺展演"、"师德师风演讲比赛"等。家长们或担任评委或来校观看，让他们感觉与学校的距离近了，对学校的了解多了，也更多地见证了孩子的成长和学校的发展，使家校关系更为和谐。

图2-48 家长参加义卖活动

图2-49 亲子阅读

图2-50 "故事妈妈"进课堂

图2-51 金秋体育节亲子跳绳比赛

图2-52 科技活动节亲子创意比赛

图2-53 云小达人秀亲子篇

一期一次的家长会更是为老师和家长提供了平等交流的平台。家长会上，校长全面介绍了学校的办学理念、学校举行的重大活动及取得的成绩；班主任、科任老师详细向家长介绍班级情况及学生情况；家长朋友共同分享家庭教育经验。

58班马一杰的妈妈就从家庭教育、孩子的品格培养和学习习惯培养等方面向我们介绍了她的育儿经验。

扶上马，送一程

58班马一杰的妈妈

我是云龙小学三年级58班马一杰的妈妈，今天非常荣幸和大家分享育儿经验。"望子成龙，盼女成凤"是普天下为人父母最大的心愿。我们都希望孩子能健康、快乐地成长，唯一和大家不一样的是，我自己还是一名从教近二十年的小学教师。所以在教育孩子的问题上，我也许比大家更了解孩子的年龄特点和心理特征。小学是儿童开始学校生活的第一阶段，不仅是孩子学习掌握各种基本技能、人文知识的重要时期，也是儿童个性发展的重要时期，包括建立道德行为规范、养成良好道德品质。许多名人在回忆自己的小学时光时都感慨万千，认为小学阶段的教育为自己的一生留下了难以磨灭和不可替代的印记。那如何让孩子愉快健康地学习、成长呢？我认为，可以从以下几个方面着手：

一、注重家庭教育的重要性

我们都知道，家庭教育是我们每个人的启蒙教育，为我们一生的成长奠定基础。所以，首先我们应当为孩子创造一个健康、科学、快乐的成长空间。夫妻之间的相互尊重，长幼之间的关爱和互敬，家庭成员之间的和睦相处，都十分有助于孩子的身心发展。我们不能把工作中的烦恼和不愉快带进家中，带给孩子。不要随意向孩子承诺自己做不到的事情，我们要从小培养孩子做一个诚实守信的人。其次，必须要处理好与孩子的关系，尊重孩子，尽量拉近和孩子间的距离，做孩子的良师益友。再次，在对待孩子的教育问题上，父母首先要统一思想，行动一致。在教育孩子之前，最好父母先统一态度，既在教育上做到统一，又维护了父母在孩子心中的形象。

二、尊重孩子，注重品格的培养

让孩子成才，必须让孩子先成人。孩子无论大小，都具有独立的人格。要尊重孩子，首先得把孩子当成大人来看，在教育过程中多给孩子选择的机会。在同孩子沟通的过程中，父母一定要有耐心，不管孩子说什么，尽量让孩子说完，并且要表现出对孩子所说的话感兴趣的样子。鼓励孩子说出他们自己的想法，特别是有关孩子学习方面的事情，尽量理解孩子的感受。比如老师对孩子的评价一定要对孩子说，让孩子也进行自我评价。其次，要懂得尊敬和孝顺老人，现在孩子无论有什么好吃的都会分给爷爷奶奶，这一点我非常欣慰。

三、注重培养孩子良好的学习习惯

孩子上学后，学习成了其主要活动。首先，我们尤其要注意培养孩子的学习兴趣、学习热情。引导孩子合理安排时间，要把玩乐与学习的时间安排好，比如做作业的时间放在晚饭前，阅读的时间放在睡觉前，孩子很配合，我们的引导也得力。小孩都有顽皮的一面，有时也会因为玩而出现作业拖拉现象，我们会适时地微笑提醒。如果因为滥看电视或玩电脑游戏而拖欠作业，一旦发现，决不纵容。

第二，要充分利用孩子的好奇心，把好奇心引导到正确的轨道上来，提高孩子对学习的兴趣。孩子的好奇心很强，喜欢问个为什么，这时候我觉得最重要的是培养孩子弄清问题的兴趣。孩子的疑惑，可以用有趣的比喻或故事来回答，千万不要不耐烦，或轻易回答不知道，这样会打断孩子的兴趣，使之心灰意冷。孩子的兴趣培养起来了，学习就会很轻松，学习也越来越主动。

第三，正确引导孩子主动学习。孩子遇到问题时，让他自己先思考，培养孩子爱动脑筋的习惯。问题的最好结果是由他的嘴巴说出答案或亲手解决。不能让孩子遇到问题就问人，产生依赖性，不肯动脑筋。

四、注重培养孩子各方面的能力

首先培养孩子的独立性和生活自理能力。给孩子锻炼的机会，让他独立完成老师布置的力所能及的事情，在家做力所能及的家务劳动。如我们平时可以让孩子洗一些东西，比如饭碗、袜子之类的物品，洗不干净的时候，我们可以偷偷再洗一次。但是在孩子面前，我们得表扬他们，这样时间一长，孩子就可以把自己能做的事情做得更好。另外，要培养孩子与人交往、适应环境的能力，增强安全意识。应多让自己的孩子与其他孩子交往，多带孩子走出家门，广泛结交伙伴，让孩子成为一个乐于交往和善于交往的人。最后，也要让孩子学会承担责任，孩子往往会因为任性而犯下一些小错误，如果家长一味地帮忙承担，孩子就缺失了担当的意识和勇气。所以，在孩子承受能力范围内，还是应该让孩子为自己的错误买单。

一种良好行为习惯的形成并非一朝一夕之功，它需要孩子长期的努力，需要家长不断地督促和引导，还必须持之以恒，像滴水穿石一样，一点一滴，长年累月，直至良好的习惯形成。

总之，对于孩子的教育，家长投放的时间和精力是无限的，家长必须明白：帮助不等于替代。无论怎么说，我们需要教会孩子处理各种事务的方法，孩子需要我们扶上马，并送一程，这是我们的育子经验。不过每个孩子的教育方式也应该因人而异、因势利导，不能一概而论。希望我们做父母的都能够在孩子身上多花点精力，多动点脑筋，最起码应该把我们的下一代教育成一个自食其力，不为社会所累，对社会有用的人。

每一次家长会，老师收获了家长的信任与支持，家长收获了丰富的育儿经验，学校收获了家长提出的宝贵意见，这一切都为学校今后的发展夯实了基础。

(2) 书面交流

留守儿童是班级里一个特殊的群体，父母亲的陪伴对他们来说成了一种奢望。为了减少他们内心的失落感，为了让他们不再特殊，学校在学生、家长和老师之间搭建了书面交流平台。老师组织学生给家长写信，汇报自己的学习情况，或写下自己的成长困惑，或和父母聊聊家常，孩子们在书信里畅所欲言。父母亲通过书信和孩子交流，思考的空间更大，表达的内容更全面，表达的语言更温暖。在通讯如此发达的社会，书信成了一种非常温馨的交流方式。老师通过学生、家长反馈的信息，有针对性地进行教育，往往能达到事半功倍的效果。

小戴是典型的留守儿童，父母在深圳工作，每周的书信为亲子之间搭建了一座爱的桥梁。

我的老爸叫"老戴"

43班 戴博远

我是个留守儿童，从小学一年级开始，我就离开了爸爸妈妈来到云龙小学寄宿，爸爸妈妈去了遥远的深圳打工。虽然爸爸妈妈没有在我身边，但是爸爸妈妈很关心我，特别是我的爸爸，自从三年级起，他认为我懂事了，就开始不间断地给我写信，每次信的开头都是"亲爱的小戴"，每次周老师在班上念信时，同学们总会说老戴又给小戴写信了，于是同学们都开始叫我的爸爸"老戴"。

"老戴"对我再好不过了，虽然我们不常在一起，但是他对我的关心绝不少于其他的爸爸。我有个很大的毛病就是粗心，每次做作业不是错这个地方，就是错那个地方。老戴会利用回家的时间，很耐心地给我讲解，有时候我都有点不耐烦，但他没有露出半点不高兴的表情，讲完题目还给我讲一些道理。我觉得在这个方面我比起那些经常被爸妈骂的小孩要幸福得多。而且"老戴"什么都听我的，他很少强迫我，只要我的要求合理，他一般是不会拒绝的，有时候我都感觉他有一点点纵容我，我要什么他都给我买。我感觉自己是这个世界上最幸福的儿子！

"老戴"每次来信我都会一蹦三尺高，但是如果没有周老师的帮助我很难看得懂，即使有了周老师的帮助，我有时候还是有一点点难以理解。"老戴"你以后写信能不能再具体一点呢，或者给我写一些解释语也是好的？但是我相信，不管"老戴"信里写的是什么都是为了我这个儿子好，我以后肯定会慢慢明白的！

"老戴，"我有句悄悄话想对你说，那就是，"爸爸，我爱你！"

一个美好的节日，一个美丽的传说

亲爱的小戴：

你好，爸爸妈妈不在家的周末过得怎样？

你知道 4 月 23 日是个什么日子吗？是"世界读书日"，联合国教科文组织设立这个节日，是希望社会成员人人读书，读书成为每个人日常生活不可或缺的一部分。每年的 4 月 23 日，在世界的五大洲，在肤色各异的人种之间，在操着不同语言的国度里，人们不约而同地做着同样的事情——读书。这是全世界读书人共同的节日！你知道"世界读书日"的来历吗？我来告诉你吧：联合国教科文组织选择 4 月 23 日的灵感来自于一个美丽的传说。4 月 23 日是加泰罗尼亚地区大众节日"圣乔治节"。传说勇士乔治屠龙救公主，并获得了公主回赠的礼物——一本书（象征着知识与力量）。每到这一天，加泰罗尼亚的妇女们就给丈夫或男朋友赠送一本书，男人们则会回赠一枝玫瑰花。1995 年，联合国教科文组织宣布 4 月 23 日为"世界读书日"，致力于向全世界推广阅读。

　　小戴，听妈妈说，你增长了不少知识，对你要刮目相看了，还说如果我下次回去也会大吃一惊，妈妈说，这是你阅读课外书的结果。我也从你作文中看到了这个进步，深感欣慰！周五和你探讨阅读国学的问题，你说《论语》之类的古文枯燥无味，不喜欢读，这个我也能理解，古文，本来就深奥难懂，家长给你们一定的解惑可能会好点，这个可能我也要负一定的责任吧，我不在你身边，不能帮到你。不过我建议你还是慢慢地培养这方面的兴趣吧！由于时代的原因，我上学时经典国学接触太少，小学时根本就没有学过，后来才读点这方面的书，但是收获挺大的，感觉相见恨晚啊！你们现在有这么好的机会学习国学，要好好珍惜。我给你买的《千家诗》，除了诗外，还有许多诗人的写作过程和典故，应该没有那么枯燥吧？真心希望这本书你也能好好读读！

　　学习国学，我觉得能积累知识。国学是一个知识系统，是几千年人类文明及智慧的结果，博大精深。我看了《最爱中国字》后，才知自己的浅陋与无知。一个汉字中有一个故事，一个成语中有一个典故，一个名句中有一段哲理。《最爱中国字》体现的只是中国传统文化的九牛一毛，但是也让我受益匪浅。

　　学习国学对自己写作也很有帮助。学过国学的孩子，作文会引经据典，有时还带有文言的腔调，特别有文采。其实从你们同学的作文中已经体现出来了，像"回眸一笑百媚生，六宫粉黛无颜色"、"寂寞空庭春欲晚，梨花满地不开门"、"落红不是无情物，化作春泥更护花"都被同学们用在了作文中。

你们上二年级时读《弟子规》《论语》《三字经》等，那都是"小和尚念经，有口无心"。现在不一样了，四年级的学生除了要读，还要了解其中的内涵。"书读百遍，其义自见"，你们刚开始学习经典古文时可能不明白是什么意思，但经过不断重复，你会潜移默化地去思考、去理解其中的意思。另外，上四年级的你也可以接触宋词了。

最后祝你学习进步！

爱你的爸爸妈妈

2014 年 4 月 20 日于深圳

班主任感言：这个故事很美吧！我和我的孩子们都很喜欢。我给孩子们开了一个小小的读书交流会，孩子们对中国人不读书的现状感到十分担忧，因此也激发了他们阅读的欲望。另外我惊喜地发现他们已经开始从读图文结合的书，慢慢转移到读纯文字的书，最主要的是，在上课或者批改作文时总能发现一些他们阅读后所带来的惊喜。但也还是存在一些不足，第一，电子产品的盛行，孩子们在家的阅读情况没有我想象中的好。这说明孩子的阅读兴趣还没有完全形成，可能在师生共读、亲子共读方面我们做得还很不够；第二，孩子的阅读还比较浅显，读后好像很难引发他们的思考，这样的阅读，对孩子带来的帮助不大。我感觉我自己的阅读也还存在这样一个问题，特别是对于有些困难的阅读，很难静下心来。我想这个方面我要从自身入手，给孩子们做个好榜样。但是，不管怎么样，43 班的孩子们有了要阅读课外书的意识，这个就是很不错的。我想假以时日，预定的那些目标都能达成。因为锲而不舍，金石可镂！

为了记录学生的成长足迹，学校为每个学生准备了一本成长手册，这本成长手册将伴随着学生六年的小学生活。每个月，班主任老师组织学生对阅读、文明礼仪、运动、自理能力等方面进行等级评价，然后写下自己的话，总结本月的学习生活情况。班主任老师根据学生在校表现写下评语。最后家长将孩子在家表现及教育反馈意见写下来，这样的循环交流每学期达到5次。这样的书面交流不仅对家庭教育是一种督促，而且也是对学生自我教育的一种督促。

（3）网络交流

随着科技的发展，网络资源显现了方便、快捷的优势。每个班级都建立家校通、QQ群、微信群，同时还建立了班级博客。班级博客收集了学生的成长日志、图片、留言等，记录了孩子的童言稚语，记录了老师的谆谆教导与鼓励。家长朋友可以通过这些网络资源了解孩子在校的学习情况，通过图片能了解孩子班级环境及近期各类活动，还可以通过网络资源交流家教经验。网络平台上，很多优秀的家长将美好的亲情、育儿的感悟记录下来。学校《云龙教育》上专门开创了"亲子空间"栏目，征集优秀亲子文章，通过这本教育杂志和全校每位家长分享育儿经验。

在一次闲适的散步途中，34班谭轶人的妈妈被儿子的快乐感染，深深感悟到：正直、善良、有责任心、快乐比一份优异的成绩更重要。

散　步

34班谭轶人的妈妈：刘勇军

冬日温暖的午后，我们去田野里散步。

我走在最前面，身后是我亲爱的儿子，儿子后面是他最心爱的小狗。

我们高高低低的身影，组成了寂静田野里最特别的风景，像是一队从寒冷和雾霭里逃离出的旅人，奔赴温柔之所在。

我们走过水坝，走过干涸的水田，穿过田边小路，我们走向田野的深处。

天空一片蔚蓝，午后的阳光沐浴着空气中的一切，温柔地从天空中倾泻下来。冬日的阳光宛如素影，照在人身上，无比的慵懒舒适；照在田野里，明晃晃的，整个田野都闪动了起来。放眼望去，经过耕种收割后的田野只剩下大块大块干净的土地，极少数的枯草，仍然倔强地站立着，只为等待来年再次萌发的希冀。

儿子欢呼着，跑到我前边去了。他心爱的小伙伴摇着毛茸茸的尾巴，晃着圆滚滚的身子跟了上去。空旷的田野里，七零八落地立着几堆大小不一的草垛。想是谁家稻田的主人留在那里的。草垛堆得很整齐，被午后微醺的阳光晒得干爽，洁净，像是守护田野最忠诚的卫士。长久在钢筋水泥牢笼里，长时间折腾在小学升学考试负担里的儿子，很快就发现了它的妙处——实在是躲猫猫的绝佳之处。

儿子从这个草垛跑到那个草垛，想尽办法藏住自己，想要摆脱身后的跟屁虫，可是小狗总能寸步不离地跟紧他的脚步。一人一狗，围着草垛玩起了追赶与被追赶的游戏。儿子跑得上气不接下气，太阳把他圆圆的脸庞晒得红红的。这与他平时每天晚自习后走出校门的少年老成形成鲜明的对比。终于再也跑不动了，他弯着腰，笑得毫无顾忌。小狗坐在他的脚边伸长舌头也直喘气，抬起圆溜溜的眼睛直盯着他，似乎在好奇主人今天为何如此开心。

是啊，小狗能悠闲地在房前屋后撵着那只倒霉的耗子疯跑，在我妈新栽的菜地里横冲直撞，甚至把我妈晒在坪里的东西全倒翻后不负责任地跑掉，回来后扭着屁股，摇着尾巴，不用有丝毫的歉意。而我的儿子从小就被严格要求，学习不能不好，不许要赖，不许打架，不许说脏话，不许撒谎骗人……

儿子该有的调皮捣蛋、快乐天真都被藏在妈妈制订的条条框框里。

一年又一年，当年那个第一次迈步走路，把妈妈感动得热泪直流的小娃娃，什么时候变成了如今少年老成、不苟言笑，只为读书升学的"机器人"？

我要求他小升初考试要考上名校，考上好的高中，考上好的大学，总而言之不管小事大事都要做到最好。

还记得儿子曾问过，为什么凡事要做到最好？

理由是因为妈妈爱你！

这是多么强盗的逻辑！

以爱的名义绑架他，让他失去快乐，失去童真，不知道自己真正想要的是什么，只是为了满足一个做妈妈的虚荣心。

他多需要这样广阔的天空，这样空旷的环境，这样晴朗的天气，能让他快乐地奔跑，自由地呼吸。

回去的路上，在与小池塘相连的水沟里，儿子发现了一条在晒太阳的小鲫鱼，我们弯下身子靠近它，它一点也不慌张。直到我们用手捞起它，它才开始不断地挣扎想要逃离。小狗在旁边哼唧直叫，想要一口吞下它。儿子拍开它的爪子，说："妈妈，放了这条晒太阳的鱼吧，它感受过水面阳光的温度，看过太阳底下大地的美丽，回到水里定会活得更欢快，游得更恣意。"

儿子，你有着一颗多么温暖，多么慈善的心。

一条鱼儿都需要离经叛道，从水底出来，晒晒太阳，透透气。我家小小的儿子自然也得要砍下束缚他的藩篱，才能奔向他想要去的天空。

如果能在这样干净的田野里，有最爱的人陪着疯跑；如果能在这样慈善的太阳底下，欣赏一条晒太阳的鱼；如果能在经历挫折后，有微笑的勇气和力量；那么能否考上名校并不要紧，只要你正直、善良、有责任心，做不到最好也没关系，只要你已经尽力，并无任何的遗憾。

儿子，只要你愿意，妈妈就给你这样一片天空。

我们走在回家的田野里。

小狗在最前面，中间是我亲爱的儿子，儿子的身后是在这个冬日有着满满收获的儿子的母亲。

冬日温暖的阳光下，儿子在这里，我在这里。

唯愿儿子的前路平坦，前程绚烂。

唯愿现世安稳，岁月静好。

毕业之际，42班刘怡可的妈妈把对学校对老师的感激之情诉诸在《心中的好老师》一文中。

心中的好老师
——记云龙小学42班的教育工作者们

日历翻到2015年8月27日，又是一年开学季。一如春种时早起的农民，教师老公捧起一摞厚厚的书籍早已去了办公室。这样的日子重复了二十年了吧！而我，又要准备独自带着孩子去学校报到了。

我想起了2010年9月1日的那天，带着女儿去上学的路上，心中思绪万千：是否给孩子少带了某一样东西？孩子在那陌生的环境里会不会孤独想家？孩子的老师是谁，会不会像爸爸妈妈一样地爱孩子，平等地对待每一个孩子？……怀着忐忑心情的我们来到新生入学排班表前，机灵的孩子精准地找到了自己的名字。"42班班主任，彭桃英，是个女老师，会不会很严厉呢？""妈妈快一点！"稚嫩的声音打断了我的思绪，于是和怡可一起飞快地上了二楼。在教室里，我看到了一个年轻的女老师，齐肩长发，弯弯的柳叶眉下有一双炯炯有神的眼睛，透露出坚毅和果敢，笑起来温暖而亲切。交流了一些自己的想法后，我离开了学校，眼中饱含不舍的泪。接下来的几天，我没有收到老师的电话，和怡可约定的两天接她回家一次也宣告没有必要。周末到了，我早早地来到学校，孩子们还在上课，教室里活跃的气氛感染了我。这是一个热闹的集体，孩子们七嘴八舌地在老师面前讨论着这一周各自获得了多少奖励。

"妈妈，上一年级比上学前班好。彭妈妈会把星星奖励给表现好的同学，集满十颗星便可以到老师那里兑换铅笔或者棒棒糖。妈妈，这一周我共获得了五颗星，我是最棒的！妈妈，我要当班长，彭妈妈说，棒棒的孩子可以当班长，要是想当班长就报名参加竞选……"回家的路上，我们步行了二十分钟，女儿喋喋不休地向我汇报了这一星期的学习和生活情况，那一股兴高采烈的劲儿让我悬着的心彻底放了下来。特别是一声"彭妈妈"，让我妒忌得松了一口气！

孩子在云小的学习生涯就这么顺风顺水地延续到了六年级，"优秀班干"、"优秀副大队长"、"三好学生"等各种获奖证书，我一一为她珍藏。而同时珍藏于心的，还有老师为孩子付出的点点滴滴。

还记得那是二年级下学期的一个晚上，9点半，我正准备上床睡觉，突然电话铃声响起，是生活老师易老师的号码，"怡可妈妈，我刚才查寝时发现怡可发烧，校医看过后推断可能是手足口病，您有空过来吗？"接下来的一个星期，孩子从最初的满口溃疡直到后来的痊愈，没有表现出一丁点的娇弱和胆怯。她的勇敢和坚强获得了我的表扬与鼓励，她却对我说了这样一句话："彭妈妈说了，每一个人都有可能会生病，都会遇到挫折和困难，我们不应害怕，要勇敢地面对、战胜它！"

2014年8月15日，是孩子十岁生日，那天早上她突然对我说："妈妈，原来我生日的这一天是个好日子，抗日战争胜利日啊！我应该努力学习，争取长大了为祖国做贡献。""你怎么知道是抗日战争胜利日呢？爸爸妈妈都没有同你讲过这段历史事件啊？""妈妈，我们上夕会课时彭老师给我们讲过抗日战争的故事。我讨厌那些日本侵略者，我觉得我们应该努力学习，把祖国建设得更加强大，我们再也不要被别国欺侮。"是啊，孩子长大了，有自己的观点和思想了。可是作为爸爸妈妈的我们，工作之余便是各种琐碎之事，何曾用心地教过她什么！最多也就是给她一点零花钱，然后是"做作业去"，又怎能想到要给孩子专门传授一些我们本认为是"应该知道"的知识呢？老先生韩愈曾说过："师者，传道授业解惑也。"原来教师的伟大，并不在于在某一件具体的事情上取得了多少成就，而是在于日复一日、年复一年，不厌其烦地始终保持亲切的笑容，让孩子们接受她、信赖她，然后为孩子们传道、授业、解惑，成为孩子们的人生导师。

五年级下学期的期中考试孩子以优异成绩晋升年级第一，这是她第一次成为年级的第一，那种高兴和骄傲是显而易见的。我在心中暗暗打鼓：这孩子将要遭遇打击了。果然，期末考试结果出来，成绩退步非常明显。孩子见到接她的爸爸后，放声大哭。数学黄老师发话了："怡可爸爸，孩子这次考试成绩虽然不理想，但她还是保持了优秀，回家后你不要太责怪她，好好鼓励她吧！要相信，我们的孩子是最棒的！"假期里，孩子通过各种方式同老师们保持了密切联系，一本厚厚的数学习题《举一反三》在黄老师的"遥控"解惑下出色完成。她的认真和努力是我始料未及的。一天，我郑重地采访她："你为什么变得如此努力呢？你将要升学了，有没有理想的学校？"她很认真地对我说："妈妈，你知道的哦，上学期期末考试我退步了，可是你和爸爸都没有责骂我，我很感动。不论在学校里，还是在电话中，黄妈妈（数学老师）总是说：'怡可，你是最棒的，加油哦！'彭妈妈也没忘记找我谈心，我那时候想，江声离家里这么近，你和爸爸又没要求我去哪上中学，我就考江声好了。可是彭妈妈对我说：'我的小班长，你小精灵般的身躯里蕴含着一股强大的力量，我们把目标定到长郡中学吧？好好努力，你能行的！'妈妈，我真能行吗？""你能行的，孩子！"我哽咽着。离开孩子的视线，我有一种想哭出来的冲动。爸爸妈妈总是一心忙于自己的工作和生活，一直以为孩子还小，一直没有过多在意孩子的心路历程，一直就是要求她得第一，争优秀，却从来不曾想过要从小培养孩子坚强果敢的性格、热爱祖国的情操和树立目标并努力进取的精神。可是，她做到了，做得很好。

一次偶然的机会，我登上了彭桃英老师的博客，里面的45篇文章我一一拜读，其中有一篇给我特别深刻的印象——《别吝啬笑容》。文章很短，却真实而令人感动。内容是叙述她从初中教师转型到小学教师后首次带低年级班，因工作中一些困顿而失去了往日亲切的笑容，取而代之的是严肃表情，孩子们由当初的亲近和依赖到敬而远之，再由一个不经意的笑容换回孩子们信赖的心路历程。我突然想，有多少人为其敬仰的老师写下过动人的词句，又有多少老师为学生兢兢业业、奉献了毕生精力，而那样几句简单而美丽的词句背后却隐藏着老师们多少朴实无华的经历！是的，别吝啬笑容，因为，你的笑容让人觉得温暖，一个不经意的笑，孩子们会靠近你，相信你，让你为他们播下的种子悄然生根、发芽、茁壮成长！

难怪每次去学校接孩子时，孩子总是展露出那样美丽的笑颜；难怪每次怡可回家时，总是滔滔不绝给爸爸妈妈讲学校的逸事、趣闻。因为那里是她生活的港湾，有她可亲可敬可爱的彭妈妈、黄妈妈……我们习惯将老师比作蜡烛，燃烧自己、照亮他人，云小的老师，就是这样。我喜欢这样的老师，每当这时，我心中就会唱响这个旋律："烛光中你的笑容，暖暖的让我感动……"

3. 家庭活动——延伸家校共育的空间

学校坚持"教育一个孩子，带动一个家庭，影响一个社区"的德育思路，发挥教育的辐射带动作用，让学校教育深入每个家庭。

学校的各类德育活动不仅在校内开展，我们还将活动延伸到了每个家庭。每次放假，学校都会布置学生完成一份假期实践作业，要求家长配合完成。倡导学生为父母洗一次衣服，为父母捶一次背，帮父母做一次饭，为父母端一次洗脚水；利用各种传统节日，或是父母生日，给父母打一次亲情电话，给父母写一封感恩信……通过这些小事让学生体味细微亲情，增进对父母的了解，并学会从行为上表达自己的孝心，传递感恩之情。这些实践作业完成的同时不但教育了孩子，而且对每个家长也是一种教育！

"两型"（资源节约型和环境友好型）教育是我们学校的办学特色，学校为了让"两型"教育发挥更大的辐射作用，开展了"两型家庭"评选活动。学生将低碳、绿色、健康、环保、生态等"两型"生

图2-54 "两型"家庭公约

活观念带人家庭，家庭成员一起制订"两型家庭"实施计划，同时用图片和文字记录实施过程。一个孩子带动一个家庭，一个家庭影响一个社区，这就是家校共育开创的新局面。

41班吴悠同学家在这次活动中被评为"两型家庭"，她在作文中介绍了她的环保家庭。

我的环保家庭
吴悠

我家坐落在美丽的沿江风光带上，是一座掩映在翠绿丛中漂亮的小楼。干净整洁的前坪里，错落有致地摆放着几张餐桌，后院的空地是一个四季青绿、瓜果飘香的菜园。大家都说我家有三"宝"，下面我来向你们介绍一下吧！

第一"宝"：精打细算的老妈

在我家，妈妈算得上一位商业人才。利用沿江风光带的美景，老妈把我们家打造成了一个独具农家风味的饭店。在妈妈的精心安排下，服务人员将客人吃剩的饭菜收集起来喂养家禽，我家的鸡、鸭长得肥肥胖胖的，因为纯天然喂养，所以家禽的味道更加鲜美。就连家禽的粪便老妈都没放过，积攒起来放入沼气池中，利用粪便发酵产生的沼气用来做饭、炒菜，节约了很多煤炭资源呢！沼气池发酵过的粪水也是一宝，用来淋菜，那可是上等的有机肥料哦，所以我家的蔬菜长得更加鲜嫩。这种浇灌方法，既保证了蔬菜的味道，又节约了一大笔钱。现在你也承认我妈是一位商业人才了吧！这就是我家精打细算的老妈。

第二"宝"：酷爱养花的老爸

每天清晨，老爸将饭店的前坪后院打扫得干干净净，接下来就是提着满满一桶养过鱼儿的水浇灌他的"宝贝"——花草。你知道老爸的花花草草为什么长得特别茂盛吗？告诉你个小秘密吧，养过鱼儿的水是特别有营养的哦。老爸养的花草成了我家一道独特的风景，一年四季，各种时令的花依次开放，那么艳，那么美，到来的客人都忍不住和这些生机盎然的花草合影留念呢！

第三"宝"：心灵手巧的我

我在家有"小魔术师"之称！每到周末，我就翻箱倒柜，找出一切可利用的废品来完成我的手工制作。普通的王老吉瓶罐在我的巧手下变成了一朵朵漂亮的花，一次性筷子被涂成绿色做成花梗，雪碧瓶被剪成一片片绿叶，然后将它们组合在一起，插进空酒瓶中，一个漂亮的花瓶就做成了！将它摆在房间做装饰，特别漂亮。我还用废弃的纸壳和纸筒做成了一盏漂亮的台灯，摆在我的书桌上，特别精致。我用空藿香正气水药瓶制成的风铃正在窗前美妙地"唱歌"呢……家人都夸我是一个变废为宝的小魔术师。

这就是我的"两型家庭"，一个温馨、美丽的家，欢迎大家来我家做客哦！

家校共育，不仅彻底更新和改变了家长们的家庭教育观念，而且也取得了广大家长朋友对学校工作的理解和支持，达成了教育默契，共同探索了一条从"家校同心"到"家校共营"，再到"家校共赢"的成功之路，创造了教育和谐发展的美好局面！

第三章 精英特质 课程助力

一、千里之行，始于足下

为培养"全面发展，个性化成长"的孩子，学校积极进行课程改革，构建"基础型课程+拓展型课程+主题文化课程+生活课程"的课程体系，满足孩子成长的多样性需求，全面推进素质教育，培养孩子的核心素养。

学校课堂教学改革扎实而高效。首先从教学设计入手，实行集体备课。其次，开展"高效课堂教学"研究。学校每年投入大量资金用于各类高效教学研究活动，提高了课堂教学实效，学生在和谐、快乐气氛中获得了知识，增强了能力，教育教学质量稳步提高，得到了社会和家长的一致认可。再次，学校教学管理制度达到了规范化、科学化、精细化水平，教师考核制度成为全市小学教师考核制度的典型，并得到推广。尤其是近两年来我们以年级组为单位，积极开展了小教研共同体活动，更好地夯实了我校基础课程教学根基。

学校在立足课堂的基础上，又自主研发、拓展课堂，使课内、课外融合，形成书法养性、奥数启智、国球健体、艺术怡情的学科特色，重点建设"两型"、国学、国球、艺术、书法、英语等特色课程。在国学教育中，我们成功申报了省级课题——"小学经典国学教育的策略实施研究"。在平日，我们将中华文化的种子播撒在校园的各个角落，让它根植于孩子心中。在音乐课上，我们将小器乐引进课堂，许诺孩子在小学阶段学会两种乐器的演奏；在体育课上，我们将足球带进课堂，让茵茵球场飞扬起孩子们童年的欢快。同时我校还进一步加强和完善了课程建设。我们利用周二、周四的第六、七节课，开展学生特长培训，抓好文学社、书画社、舞蹈队、合唱队、围棋班、科技小组、英语角、篮球队、足球队、田径队、科技小组等学生社团活动，并且定点定人定时间开展活动，将培训、活动、展示结合起来，期末时，我们会统筹安排好各社团进行精彩的展示活动。

在云小的课堂上，没有"最好"，只有"更好"，最好的风景永远在路上。十年来，云小教师扎扎实实地抓好每一门课程建设，认认真真地上好每一节课。每一门课程，孩子们都是课堂的主角，每一门课程，都是孩子们丰厚羽翼的天空。每一次课堂展示，每一次教学研讨、综合、整合、融合、二度设计，都在研讨中精进，在研讨中成长。教师的成长，换来的是孩子们更精彩更深刻的体验。他们深知：千里之行，始于足下！

1. 语文教学实录

校园访友

朱红果

一、情景回顾，分享经历

1. 活动回顾，重温访友画面

师：同学们，校园是带给大家无数欢乐的温馨家园。前几周，老师让大家去寻访自己熟悉的校园朋友，老师特意采撷了一些大家在活动中的珍贵画面。现在我们随着幻灯片一起去回顾这段美好的时光。（教师事先拍下校园各处的风光及孩子们在寻访中观察嬉戏的画面）

师：老师看到有些同学在观看幻灯片时，脸上不自觉地洋溢着微笑。这熟悉的一幕幕，又勾起了你们美好的回忆吧。

2. 交流反馈，激发表达欲望

师：那谁来告诉大家，你在访友途中，都拜访了哪些朋友？

生1：我到百草园里去看了那些雪松、金橘树。

生2：老师，我去过校门口的小花坛。那里的月季开得可好啦！旁边的太阳花红艳艳的，让我想起了一张张笑脸。我凑近去闻，还能闻

图3-1 湘潭市语文学科带头人朱红果

到花的清香呢!

师:呵呵,老师跟你一样,也是个爱花之人,所以我也经常到那里去看看。

生3:我下课时特地到我喜欢的鱼池那里去看了。我发现很多同学都围在那里看鱼。那里的小鱼显得特别自在,还有些小鱼喜欢去咬其他鱼儿的尾巴,太调皮了。

师:哦,原来下课时很多小朋友都喜欢在假山、鱼池旁"凑堆",是为了感受鱼儿的快乐。

生3:是的是的,老师,我也觉得小鱼们特别活泼可爱。我们有时拿面包屑去逗它们,它们就像小孩子一样贪吃。

师:看样子逗鱼也可以成为一种乐趣。

生4:我喜欢学校操场边的草地。有时我坐在那里,仔细听还能听到小虫们在那里哼哼唧唧,快活地哼着小曲。

师:能静心听听小虫的歌唱,真是一件惬意的事。

师:老师还想问问,你们在拜访这些朋友时,都做了些什么呢?

生1:我观察了草丛里一些小虫的活动。比如,看蚂蚁搬运食物,还看到了它们怎样与朋友打招呼。

生2:我坐在樟树下休息时,摸了它的树皮,还想象着小鸟是我的老朋友,听一听它通过歌声告诉我什么。

生3:我在百草园里玩得高兴时,会爬爬枇杷树,有时不小心还能翻出几只蜗牛。

师:老师听了大家的介绍,发现你们拜访的朋友能言、会思、善感,调皮可爱,贴心得很。难怪谈起它们,你们这么津津乐道!

二、研读范文,领悟写法

1. 出示例文,引导思考

师:你们的访友之旅这么愉快,老师也恨不得马上跟大家分享自己的访友经过。首先,我带大家去瞧瞧我访友的第一站吧!

投影出示范文片段:

"我拜访的第一个朋友是在操场东侧的玉兰树。它的树干粗壮挺直,树冠庞大,远远看去,像撑开的一把巨伞。每年春天,玉兰树的枝头就绽放出一朵朵芳香洁白、如莲似碗的美丽花朵。风一吹，它们仿佛又化身成了一只只展翅欲飞的白蝶。"

师：谁来说说，我的介绍怎么样？

生1：我觉得老师把玉兰树比作一把巨伞，比喻用得恰当。

生2：老师，我觉得你把玉兰花写得特别美，把它比作白蝶，写出了玉兰花的美丽。

师：谢谢大家的鼓励。我们曾经也学过类似介绍自己访友经历的文章，大家还记得吗？

生：老师，我们在第一单元学过《山中访友》《草虫的部落》，也是介绍自己访友经历的。

师：那现在让我们回过头再去看看这些文字，对照学习，说不定能给我们今天的习作一些启示呢！

2. 范文引路，揣摩表达

师：大家在学习李汉荣的《山中访友》时有哪些收获呢？谁来说一说？

生1：我感觉作者把他山中的朋友们写活了。

师：那你想过没有，我们为什么会有这样的感受？

生1：老师，我觉得是作者在介绍自己拜访的朋友时，展开了丰富的想象和联想。

师：你说得很对，我们来看课文中这一段。

投影出示：

"那座古桥，是我要拜访的第一个老朋友。啊，老桥，你如一位德高望重的老人，在这涧水上站了几百年了吧？你把多少人马渡过对岸，滚滚河水流向远方，你弓着腰，俯身凝望着那水中的人影、鱼影、月影。岁月悠悠，波光明灭，泡沫聚散，唯有你依然如旧。"

师：同学们，作者是怎样向大家介绍古桥的？（教师带领学生进行梳理，得出：与古桥展开对话，想象他在这里生活了多久，有过怎样的生活，感受如何。）

师：那现在让你们学学作者介绍古桥的方式，来介绍校园里你们的朋友，你们会怎样介绍？

生1：如果我来介绍雕塑，我会把它想象成自己的一个老朋友，与它谈心，可以向它诉说烦恼，分享我高兴的事，还会问问它的生活、见闻。

师：大家觉得他这样介绍可以吗？

生2：老师，我觉得挺好的。这样写雕塑，不会让人觉得它就是一块硬邦邦的石头。

生3：我们如果听到他这样介绍，会想，原来雕塑也有思想，也有喜怒哀乐，这样亲切舒服多了。

师：其实，这只是我们进行想象的一个角度，还可以从其他不同的点来想。大家看，作者在文中向我们介绍他拜访树林里的朋友的场景。

投影出示：

"走进这片树林，鸟儿呼唤我的名字，露珠与我交换眼神。每一棵树都是我的知己，它们迎面送来无边的青翠，每一棵树都在望着我。我靠在一棵树上，静静地，仿佛自己也是一棵树。我脚下长出的根须，深深扎进泥土和岩层；头发长成树冠，胳膊变成树枝，血液变成树的汁液，在年轮里旋转、流淌。"

师：同样介绍所访之友，与刚才的有什么不同？

生1：他还想象这些朋友如何回应他。像树林的鸟儿、露珠会与他打招呼，像朋友一样欢迎他的到来。

师：是的，我们待会儿在习作时，也可以写一写你对朋友的诉说，想象他们对你会有怎样的表现。

生2：作者在这里还把自己想象成林中的一棵树，写出了自己作为一棵树会有怎样的感受，在这里怎样生活。

师：这里是作者巧妙的联想。树即人，人即树，树为人友，人为树友，他们已融为一体。这其实是一种奇妙的境界！

师：大家看，通过上面两个片段，我们领会到，在介绍所访之友时，可以从不同的角度来展开想象和联想。（板书：开展联想、想象）

师：我们可以想象它们会怎样与自己打招呼，会与自己沟通些什么，你对它倾诉些什么。还可以想象自己化身为物后，有哪些感受。

师：除了以上所说的，你还有什么收获？

生1：老师，我在读文章时，感觉似乎和作者一路同行，跟随他一起拜访朋友。他在文中用到"我"和"你"，让我感同身受。

师：看样子，运用"你"、"我"的人称来介绍，拉近了读者与作者以及山林中各种朋友的距离，让感受如出己心，对吗？这就是巧用人称的妙处。（板书：巧用人称）

师：你觉得这篇文章还有哪些地方值得我们学习呢？

生2：作者在文中运用很多比喻、排比等。

生3：不止这些，还有夸张、对比等修辞手法，这样文章读起来更加生动了。

师：是的，运用多种修辞，我们的文章才会更生动有趣。（板书：妙用修辞）

3. 运用方法，修改例文

师：同学们，那我们现在再回过头来看看刚才老师的那段文字。结合我们刚才从《山中访友》所学的，想想我的片段可以怎样修改？你有什么建议呢？（再次出示老师写玉兰树的片段）

生1：老师，我觉得您在介绍时可以改变一下人称，用第一、第二人称更能体现出你跟玉兰树的深厚感情。比如，您可以这样写：

"我首先来到操场东侧，拜访老朋友玉兰树。玉兰树啊，你的枝干还是这么粗壮挺直，经历这么多风吹雨打，你也丝毫没有低下自己的头。你的头发还是像以前那么油光发亮，身上的大圆裙就像撑开的一把巨伞，用心呵护着你脚下的小草们。"

师：我的老朋友经你这么一介绍，显得更可亲可敬了。还有谁有别的建议？

生2：我觉得您可以想象一下玉兰树看到你到来时的表现。写一写它是怎样欢迎您的。

生3：是的是的，我觉得老师还可以把自己也想象成一棵玉兰树，您要是能像树那样生活，不是更有意思吗？

生4：您还可以像作者那样，写写自己想对他说的话，你们交流了什么等。

师：孩子们，你们的建议非常好，我待会儿根据大家的意见好好改改。古人说得好："言之无文，行而不远。"我们今天学习了作家李汉荣的表达手法，那你们在写自己的校园访友之旅时也可以尝试运用。老师相信，你们的文章一定会生动活泼，韵味无穷。

三、梳理交流，理清顺序

1. 理清顺序

师：同学们，刚才大家学习了范文中的各种表达方法。光有这些还不够，我们还要梳理清楚访友的顺序，文章写出来才会条理清楚，明明白白。

师：谁愿意给大家介绍一下自己访友的顺序？

生1：我先去了操场旁边的葡萄架下，看了看葡萄藤及那里的花草小虫，再往前到了百草园，看看那里的雪松、紫罗兰。

生2：我先去的地方是教学楼前的假山、小池，在那里看完鱼后，就到旁边的小花坛看了雪松、紫罗兰。

生3：我从门口雕塑那一直走到操场，看了看两旁的冬青，还到跑道上走了一圈，最后到玉兰树下坐了坐。

……

2. 归纳小结

师：同学们，大家拜访了不同的朋友，也都有自己的寻访线路。请你们现在开始整理一下，待会儿你们在习作时，注意按照你们访友的线路，有序地介绍你们拜访的这些朋友。

四、自主表达，抒写个性

1. 自主习作，巡视指导

师：同学们，你们的访友经历是独一无二的，你们的想象也是独一无二的。现在请拿起你们的笔，将你们有趣的访友经历向大家介绍一番吧。（学生自由习作，教师巡视指导）

2. 佳作推荐，明确要求

师：同学们，老师刚才发现有很多同学的访友之旅写得生动有趣。我想将这些优秀的习作汇编到我们本月的《好文大家赏》上。所以，请大家担任优秀小编辑，以小组为单位，推荐美文佳作。

师：现在大家一起来看看我们推荐的标准：

（1）视角独特，恰当运用人称。

（2）运用想象和联想及多种修辞手法。

（3）语言通顺流畅，表达有序。

五、交流点评，好文共赏

1. 佳作点评，放大亮点

师：记得英国著名作家萧伯纳说过："你有一个苹果，我有一个苹果，我们交换后，还是一个苹果；你有一种思想，我有一种思想，当我们把两种思想互相交流时，我们就拥有了两种思想。"来吧，让我们一起来分享访友的快乐。

师：哪个小编辑愿意来向大家推荐一下自己同伴的美文佳作？

生1：老师，我想推荐我们组朱浩宇同学的作文。（在实物投影仪上出示学生作品）

师：那请你上台进行点评、分享。（请朱浩宇同学读自己的作文，教师引导学生修改个别错别字和病句。）

如：

"一出门，便看见风儿与迎春花欢快地跳着舞。"改为："一出门，便看见迎春花在风儿的邀约下欢快地舞蹈。"

师：你觉得他的习作哪些地方值得推荐？

生1：他文章中的鱼儿变成了一个个活泼调皮的小精灵，给他带来了快乐。就连假山上的小草、小树，都被他写得生机勃勃。

师：我还从中感受到了作者对它们的喜爱。

生1：大家再来看他写的这段话：

"伴着花香，我拜访了畅游在水中的鱼儿。嘿！鱼儿，你在水中一定很快活吧！还和我玩捉迷藏呢。看，一会儿躲到假山下，一会儿沉到池塘底部，把我耍得团团转。要是我也能和你一起在水中畅游，一起嬉戏玩闹，那该多好啊！"

生1：在这里，他写了小鱼儿的活动，还想象出它们快乐的心情。像作家李汉荣一样，他也联想自己是其中一条鱼，和他的朋友们游玩。

师：是的，这里的想象和联想运用得很恰当，加入自己访友的感受，文章更精彩了。

师：刚才的小编辑在推荐朱浩宇同学的作文时，不但说出了文中哪些地方写得妙，还说出了这样写的好处。还有谁愿意像他一样推荐别人的作品？

生2：我想向大家推荐我们小组陈晓雯的作文。（将学生习作展示在实物投影仪上，学生快速读文。）

生2：大家看到她写的第二段，我觉得她写出了栀子花的美丽清香，她把栀子的香气想象成芬芳体香，特别有趣。

师：这个时候的栀子花，在她笔下就是一个亭亭玉立的美丽少女。

生2：大家再看这句，她还把校园里的迎春花当作芭蕾舞者，猜想青翠的小草是穿了一件漂亮的绿衣裳。这些比喻、拟人手法的运用让她的文章读起来很美，很吸引人。

生2：而且，大家看，她是按照小花坛—葡萄架—足球场的顺序来写自己的访友经历的，很有条理。

师：是的，刚才这个小编辑仿照我们前面从《山中访友》所学的一些表达方法，来点评陈晓雯同学的习作，说得在理又很有针对性。

2. 组内交流，好文共赏

师：接下来的时间，请各位小编辑在组内把自己推荐的美文佳作说一说。

六、关注标题，修改完善

1. 关注标题，有的放矢

师：同学们，人们常说："花香蜂自来，题好文一半。"有谁给自己的这次访友之旅取了一个好标题？

生1：老师，我的作文题为"特别的邂逅"。我觉得去拜访它们的过程就是我们的一次特别的邂逅。

师：这个标题特别有诗意，老师一看，就有读你文章的欲望。

生2：我会取名为"家中访友"。

师：你为什么这样命题？

生2：因为在我的眼中，校园就是我的家，而这里的一切都像是我的老朋友。

师：恩，不错。校园就是家，那你笔下的一草一木、一花一石一定饱含了你对它们的深情。还有谁来说说？

生3：我的作文标题为"老朋友，我来了"。

师：用与朋友打招呼的语气命题，有新意。

生4：我想用的标题是"六年老友"，因为这里的一草一木，一花一石与我相伴六年。

师：六年的朝夕相处，相信校园里的一切都令你特别难忘，"老友"一词让老师充分感受到了你与朋友们平日的亲昵。

2. 修改完善，创造精彩

师：同学们，常言道："文不厌改。"那现在就请同学们把自己的作文多读几遍，结合刚才小编辑们的点评意见，认真修改作文。（学生自行修改习作）

3. 总结收获，升华感情

师：同学们，我们的"校园访友"之旅马上就要结束了。其实，大自然里万事万物都是那样妙不可言，令人陶醉。老师在课前曾读过两本很美丽的小书——莱斯利的《笔记大自然》和朱爱朝的《我的自然笔记》（出示两本书的封面图片）。在书中，我们可以看到四季的颜色、云朵的形状、树的影子、枝头鸟儿的身姿……希望大家也能跟随这两个作者的脚步，享受探索与发现的快乐。同时，老师希望你们也能成为大自然的孩子，触摸花草树木的脉搏，读懂虫鱼鸟兽的语言。老师期待着与你们的再次分享。

七、课后反思

刚接到习作教学的研究任务，我真的有些发怵。首先觉得为难的是选材。我一直在琢磨：这次训练上什么课？该怎么上？但脑子始终一片空白。无奈中，我想到了上活动作文课。因为开展一次游戏或活动，孩子们乐于参与，可以解决他们写什么的问题。老师在游戏活动过程中，只要引导学生观察、梳理，学生马上能下笔成文，作文能很快成型。我后来一细想，这类作文虽然在指导上容易掌控，学生也容易下笔，但最后出来的作品大多千篇一律，基本都是在老师的指导下，将活动过程写得清楚、有条理。虽然学生上课时热热闹闹，快快乐乐，可一旦没有活动开展，学生们又不知道写什么了。再者，我们上作文课，不可能每次都大费周章地开展活动或游戏。能利用好身边的各种资源，进行常态训练才好。

古希腊哲学家亚里士多德说："人从儿童时期开始就有模仿的

天性，他们因模仿而获得了最初的知识，模仿就是学习。"课文就是孩子们学习写作的最好范本，是孩子们一种提高写作能力的捷径，我为何不好好利用呢？想到我的学生们刚学完的第一单元课文，这个单元的主题为"感受自然"。单元中的课文从不同角度描述了作者对大自然的感受，让学生通过学习亲近大自然、感受大自然，培养他们热爱大自然的美好情操。这几篇课文除了主题相同，在表达上也有一个共同点：作者展开丰富的联想和想象，运用比喻、拟人等修辞手法，从不同角度展示了大自然无穷的魅力。并且，文中作者与大自然万物的交流方式独特、与众不同。我为什么不让孩子们学习课文的写法，开展一次校园访友之旅呢？对于校园里的景物，他们特别熟悉。以前虽然也写过《校园一景》或《美丽的校园》等文章，但大多是用客观的语气来有条理地介绍各种景物。我们进行此次训练，可以让学生也用独特的观察视角，运用想象、联想的表现手法来写写校园里的景物。学生们通过对课文表达方法的揣摩学习，不断吸取养分，触发灵感，与校园景物来一次触及心灵的对话交流。

基于以上思考，我们团队在罗大红老师的引领下，开始了从设计理念到板块结构的研讨。其间更换了三个版本，最终才明确本次训练的主题，理清了教学思路。

课前研讨中，楚娃老师曾提到莱斯利的《笔记大自然》和朱爱朝的《我的自然笔记》。这两本书画面温暖、文字干净，而且作者观察细致，视角独特，很适合孩子们静下心来细细品读。所以，我们决定将这两本书的阅读推荐放在本次习作训练结束之后。孩子们在与自然景物有初步情感交流的基础上开展阅读，容易与作者产生共鸣。习作后的阅读，也便于孩子们以此为引子，开展新一轮更大范围的访友活动，相信下次孩子们的交流一定会视野更开阔，感受更新鲜。

对于本次的习作指导，我在开展训练前，先让学生花几周时间去观察校园，关注、欣赏校园里的各种熟悉景物。在写作指导之初，我又通过一些活动图片的回放，引起孩子们对这次访友活动的回顾，激发他们的表达欲望。接下来，我通过出示一段常规写校园景物的文字，引导他们与《山中访友》中的两个文段进行对比研究，从而揣摩并领会作者运用联想和想象、巧用人称、妙用修辞的表达方法。在进一步梳理了访友顺序后，让他们完成初稿。同时，我还安排了"佳作推荐"活动，让学生担任小编辑，为班刊《好文大家赏》推荐美文佳作。在对同伴的作品进行欣赏点评中，大家进一步明确了本次习作的要求及自己修改习作的方向。最后再让他们交流习作命题，进行自我修改。

这次习作训练，孩子们交上来的习作并没有一味机械地模仿，作文的形式和内容在范本上有所模仿，但更多是自我的表达。我想，孩子们习作的精彩，主要源于在这节课中我们不但解决孩子们"无米下锅"的问题，还有告诉他们"成炊"的办法。习作前的校园访友活动，让孩子"找到米"，而在课中的素材梳理和写法指导，就是告诉他们"烹饪"的方法。

（此文2016年原载于国家级核心期刊《小学语文教学》）

2. 数学教学设计及反思

百数图

谭牡

教学内容：新人教版一年级下册数学教材第41页"数的顺序"。

一、教材分析

教学主要内容：在学习100以内数的顺序时，意图通过探究百数图中数的关系的活动，帮助学生形成100以内数顺序的鲜明表象。挖掘其关系，加深对各数位上的数所表示意义的理解，渗透位值思想。探索百数图的排列规律，渗透坐标思想。

教材编写特点：这部分内容的学习对于学生后续学习比较大小，运用数关系形成两位数加减整十数、两位数加减一位数的计算策略（学生可以借助百数图对相应数字格进行上下、左右的移动得出计算结果）都有着重要的支撑作用。探索百数图的规律，挖掘数

图3-2 湖南省数学赛课一等奖获得者谭牡

关系，其重要性不言而喻。

教学重点：掌握数与数之间的关系，深化对数概念的理解。

教学难点：能发现百数图中的诸多规律，并应用规律解决问题。

教学关键：

1.设计怎样的活动来激发兴趣，引导学生探寻数关系，培养数感？

2.在探寻规律的同时，我们还可以培养哪些思维能力，为学生的终身发展奠定基础？

教学方式与教学手段说明：采用教师指导与学生自主探究的方式展开教学，以问题驱动的方式，调动学生思维，主动探究数之间的关系，在探究过程中培养学生数感，发展学生思维。

二、学情分析

本课是在学生能够正确数100以内物体的个数，知道个位和十位的意义，能够正确地、熟练地读写100以内的数，以及掌握了数的组成的基础上进行学习的。在前面的学习过程中，学生已经具有一定的观察能力和发现规律的能力，同时也具有积极的学习态度和较为强烈的好奇心。

三、教学目标

知识技能：通过本节课的学习，进一步掌握100以内数的顺序及数与数之间的关系，深化对数意义的理解，培养学生的数感。

过程与方法：经历进一步理解100以内数的顺序的过程，能熟练地解决一些简单的问题，培养学生的观察能力，运用规律解决问题的能力，渗透坐标思想。

情感态度与价值观：培养学生探究的乐趣，初步培养学生积极思考、善于与他人合作交流等良好的学习习惯。

四、教学过程

【教学准备】

学生准备：水彩笔、百数图。

教师准备：课件、数字娃娃卡片、百数图、水果图片。

（一）建构百数图，初步感知

1. 情境引入

小熊维尼准备办个聚会，瞧！来了很多数宝宝，大声读一读。（课件依次演示）

（1）学生尝试读数，随着出示的数越来越多，越来越乱，都停了下来。

（2）老师提问：咦？怎么不读了？是的，这些数又多又乱，怎么办呢？

（3）学生想到：可以把这些数好好整理一下，如按从小到大的顺序给这些数排排队。

（4）课件演示维尼想的办法，它给每个数宝宝都准备了一个小房间。瞧！

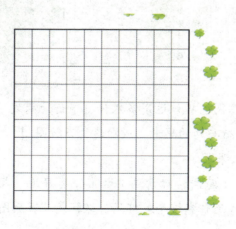

【设计意图：创设生动有趣的情境，激发学生的学习兴趣。为了引入新课，我没有采用传统的按顺序出示100个数这种形式，而是利用多媒体课件，把这100个数从少到多，以很乱的顺序来出示，不但让孩子能强烈地感受到100个数比较多，还很好地培养了数感，更让孩子造成认知冲突，让他们有一种内驱力，觉得我们该好好地整理一下，从而引出百数图。】

2. 初步感知行与列

（1）仔细观察，这里一共有多少个小房间？ 你怎么这么快就知道了？

学生说出自己的想法。

（2）师生一起认识行和列。（课件演示）

【设计意图：巧妙运用多媒体，很好地引发了孩子们对从来没有接触过的行与列的思考，成功建构百数图。】

3. 引入课题

准备了小房间，就请这些数宝宝有序地登场吧！（课件演示）100个数整齐地住在这个表格里，这就是"百数图"。（板书课题）

	★1	★2	★3	★4	★5	★6	★7	★8	★9	★10
1	1	2	3	4	5	6	7	8	9	10
2	11	12	13	14	15	16	17	18	19	20
3	21	22	23	24	25	26	27	28	29	30
4	31	32	33	34	35	36	37	38	39	40
5	41	42	43	44	45	46	47	48	49	50
6	51	52	53	54	55	56	57	58	59	60
7	61	62	63	64	65	66	67	68	69	70
8	71	72	73	74	75	76	77	78	79	80
9	81	82	83	84	85	86	87	88	89	90
10	91	92	93	94	95	96	97	98	99	100

（二）解构百数图，发现数与数之间的关系

1. 初步渗透规律

（1）师：在这张百数图里，有着维尼最喜欢的数宝宝。瞧！它们唱着歌儿来了！（课件出示）谁能说说维尼喜欢的数宝宝在第几行？你能大声读一读吗？猜猜，维尼为什么喜欢它们？

（2）学生自由浅谈。

师：那谭老师也喜欢一些数宝宝，看看！它们在哪一列呢？（课件演示）猜猜谭老师为什么会喜欢它们？

（3）学生浅谈。

（4）师：其实谭老师和维尼会喜欢它们，是因为它们排得都有规律！那在这张百数图里，你最喜欢哪一行或哪一列的数宝宝呢？我来采访一下！（随机抽取2名）

【设计意图：运用多媒体动画、声音以及生动的语气，请出了维尼和谭老师最喜欢的数宝宝，并让孩子们说一说，不但再次强化了行与列的思想，而且让孩子们初步地感知了百数图中隐藏的规律。】

2. 学生活动

（1）涂一涂：选择你最喜欢的一行或一列数宝宝，在这张百数图上为它们涂上颜色，好吗？

（2）想一想：观察你涂色的数宝宝，它里面藏着什么秘密呢？

（2）说一说：把你的发现说给同桌听。

3. 探索百数图中的规律

（1）研究行的规律

预设学生只要能说出两种基本情况即可：①后一个数比前一个数多1；②每一行前九个数的十位数字都一样。

（2）研究列的规律

预设学生说出：①每列的个位数字都一样；②每列下面的一个数都比上面的一个数多10。

师：那小朋友们认真观察一下，第7列的数宝宝个位是几？第5列的数宝宝个位是几？第4列呢？你有什么发现？

小结：个位是几，这个数就在第几列。

（3）发现百数图中还有其他的规律

（预设学生如果能说出来就随机出示，如果学生不能说出来，则师出示，稍微点拨一下。）

斜着看：11、22、33、44、55、66、77、88、99，你知道它特殊在哪吗？

学生发现十位上的数字和个位上的数字一样，体现位值思想。

师顺势追问：那十位数字和个位数字表示的意思一样吗？

再出示：19、28、37、46、55、64、73、82、91，看看它们的个位数字和十位数字，你有什么发现？

预设学生说出：个位数字依次减1，十位数字依次加1；个位数字和十位数字加起来等于10。

【设计意图：杜威认为"人的天性是好奇和探究"。在解构百数图这一环节中，老师放手让学生观察百数图，自主探究其中的规律，老师根据孩子们的回答，利用多媒体课件随机出示孩子们发现的规律，既直观，又能够吸引孩子们的注意力，边观察边引导学生探索数与数之间的关系，体会位值思想，为进一步内化百数图，形成表象，奠定基础。】

（三）课中休息

（四）利用规律，进一步感受数与数之间的关系

1. 游戏——水果后面藏着谁？

师：咦？趁咱们唱歌，数宝宝们都溜出去玩了，只剩下了这些站岗的小哨兵（留下第1行和第1列），有几个数宝宝和我们玩起了捉迷藏的游戏，猜猜，水果后面藏着谁？

（1）根据显性标志找数34和77，学生说理。（根据行和列来确定）

在找出34的同时渗透位值和坐标思想。

师：咦，这不是34的家吗？你43来凑什么热闹啊？什么？你说你也有"3"也有"4"，也想住这儿，小朋友们，你们同意吗？（学生说理由）

（2）（撤掉第1行和第1列的数）根据隐性标志找数52和89，学生说理。（根据上面的数来确定）

2. 游戏——给数宝宝找家。

师：还有一些数宝宝准备回家，可它们却迷路了，小朋友们能帮帮它们吗？（课前给部分同学发好数字卡片）首先请第4行第8个数宝宝回家。接着请个位是"4"的数宝宝回家，最后请十位是"6"的数宝宝回家。（生依次上去贴卡片，随机抽取学生说理）

【设计意图：在这两个游戏中，分别体现了两个层次，一个是第一层，有明确的标志，也就是留下了一行和一列，可以根据行与列来确定位置；第二层，只有隐性的标志，也就是根据上面的数来确定位置。层层递进，渗透了坐标思想。随着标志信息的逐步减少，百数图渐渐内化到学生心中。学生借助表象，根据数的关系，分析已知信息，做出合理判断。】

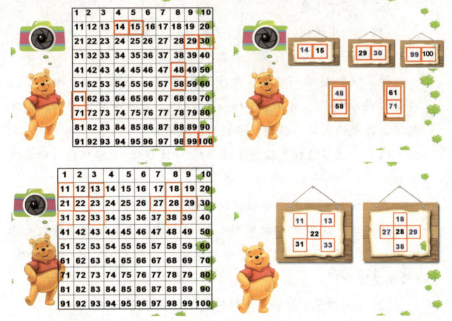

3. 游戏——小熊拍照

师：看大家玩得这么高兴，小熊给大家拍起了照，1、2、3，咔嚓！咦？调皮的数宝宝们跑开了，你能把它们找出来吗？（课件演示）

师：要不要再拍一张？来，1、2、3，咔嚓！相片已经到了小朋友的手里，它们在和谁拍照呢？（学生填，再课件演示）

【设计意图：利用多媒体生动、形象地创设了"小熊拍照"这一游戏情境，在构建数与数关系的基础上进一步构建数群间的关系，让学生运用前面发现的规律填写，力图建立数群中的关键数与百数图中的数的对应关系，进一步向学生渗透坐标思想。】

（五）全课小结

师：这节课大家玩得开心吗？我们不仅和百数图交上了朋友，还发现了它的很多秘密，如果要请你把它的名字取得更具体一点，你会叫它什么样的百数图呢？

【设计意图：让孩子们命名百数图来进行回顾反思，从孩子们的命名中可以看出他的感受，可谓真实而又深刻！】

（六）板书设计

（　　　　）的百数图。

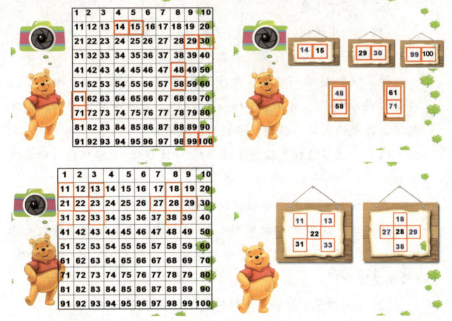

106

1	2	3	4	5	6	7	8	9	10
11	12	13	14	15	16	17	18	19	20
21	22	23	24	25	26	27	28	29	30
31	32	33	34	35	36	37	38	39	40
41	42	43	44	45	46	47	48	49	50
51	52	53	54	55	56	57	58	59	60
61	62	63	64	65	66	67	68	69	70
71	72	73	74	75	76	77	78	79	80
81	82	83	84	85	86	87	88	89	90
91	92	93	94	95	96	97	98	99	100

五、教学反思

1. 在思维中碰撞

杜威"儿童中心论"认为"对外部世界的好奇和探究本身就是儿童的天性"。教学中，我力图通过有趣的数学活动，激发学生的天性。课堂伊始，我并没有采用传统的按顺序出示100个数这种形式，而是从少到多，以很乱的顺序来出示这100个数。让孩子在思考中碰撞出火花，强烈地感受到100个数比较多，并且让他们有一种内驱力觉得我们该好好地整理一下，进一步培养学生的数感，从而引出百数图。

2. 在观察中发现

观察是一种有目的、有顺序、有积极思维参与的比较持久的感知活动，是一种"思维的知觉"。因此，学生在认识百数图时必须经历一个给百数图解构的过程。所以在第二个环节中，我设计了从维尼和谭老师最喜欢的数宝宝入手，让学生去涂一涂、说一说，其实也是启发他们如何去有序地观察这个表，从而进行解构，如果学生没有方向地乱摸，他们的思维就会混乱。在学生反馈环节中，我注意到了以点带面，注意培养孩子们表达的完整性、逻辑性，反馈时除了重点研究了行与列的规律外，还点出了斜行的规律，旨在让学生发现数的十位与个位上的变化是与数所在位置有关系，位置的排列有规律，数的排列也有规律，让孩子们进一步感受到百数图的神奇。

没想到，这样一张看似简单、枯燥的百数图，在孩子们的眼中竟然拥有这么多的"小秘密"，其中有一个很重要的原因是教师给他们提供了充足的活动空间和时间，让他们在一个宽松、和谐的氛围中，大胆想象，积极思考。

3. 在发现中应用

当学生对百数图有了初步的体验后，我并没有就此画上句号，而是把它作为新的起点，向着更高的目标前进。因为规律的发现不是最终的目标，它的价值在于应用规律去解决实际问题。为此，我利用百数图做进一步的研究，设计了两个游戏："水果后面藏着谁？"、"送数宝宝回家"。当孩子们面对这么多空荡荡的小格，要在游戏时把数填在相应的位置上，对于一年级的学生来说，可不是一件容易的事情。但通过思考，他们在不知不觉中，能把某个数看成了二维空间的一个点。在这一环节中，分别体现了两个层次，第一层，有明确的标志，也就是留下了一行和一列，可以根据行与列来确定位置；第二层，只有隐性的标志，也就是根据上面的数来确定位置。层层递进，渗透了坐标思想。随着标志信息的逐步减少，百数图渐渐内化到学生心中。学生借助表象，根据数的关系，分析已知信息，做出合理判断。

4. 在应用中深化

接着，在最后一个游戏"小熊拍照"的环节中，学生进行填数游戏时，会主动地运用前面发现的规律，把注意力集中在分析数的组成、数位和数与数之间的关系上，这对进一步理解两位数的含义是十分有益的。同时，这一过程不仅使学生体验到成功的快乐，还进一步向学生渗透了坐标思想。

学习数学本应是个充满智慧和挑战的过程：从发现问题的迷惘——黑板上那些乱七八糟的数，到初见有趣现象的惊诧——数的上下前后是有规律的，经历探究过程的刺激，到"玩转"百数图，享受探索成功的喜悦——清晰理解各种规律。只有让学生体会到这蕴意丰富的每一个环节，才能使学生真正地体会到数学的乐趣。

（此文2015年原载于国家级核心期刊《小学数学教育》）

二、千帆竞秀，百舸争流

学校教育就是要发现和唤醒学生成长的愿望，正如苏霍姆林斯基所说："世界上没有才能的人是没有的。问题在于教育者要去发现每一位学生的禀赋、兴趣、爱好和特长，为他们的表现和发展提供充分的条件和正确的引导。"我们要能够发现学生的兴趣、爱好和特长，并为他们全面而有个性的发展提供指导。

"厚德博学，和而不同"是我们的校训。

"书法养性、科技启智、国球健体、艺术怡情"是我们的特色。

"全面发展，个性化成长"是我们的目标。

语文课堂上，朗朗书声，是我们国学诵读活动的景致。

数学课堂上，思维开阔，是我们创新的开始。

体育课堂上，球类竞技，是我们绿茵操场上的别样风景。

棋类角逐，让我们的思维在这里驰骋。

科学课堂上，航模比赛，让未来的宇航员从这里起航。

科技制作，让未来的科学家在这里成长。

音乐课堂上，民族乐器，让我们传承中华民族千年精髓。

英语课堂上，交流无国界，让我们有了走向世界的实力……

1. 快乐校园足球，尽显特色成长

足球特色学校建设

足球运动是一项全世界人类热爱的体育运动，因其具有团队性、教育性、健身性而日渐走入校园。近年来，湘潭县云龙小学体育教研组围绕"校园足球"开展了一系列的校园足球特色活动，2015年我校被评为"全国青少年校园足球特色学校"。

第一篇章　教师

一、抓好体育教学常规工作，打造高素质教师团队

1. 规范教学常规

在创建足球特色学校的过程中，我们从没有忽略体育常规管理和教师素质提高等方面的工作，因为这是创建足球特色学校不

可动摇的基石。学校从建立常规管理机制入手，定期对教师的教学常规工作进行检查。从体育教师的备课、上课、研讨、训练等方面对教师的体育教学常规进行了规范，其中主要对体育教学的课前常规、课中常规以及课后常规作了明确、具体的要求，使体育教学常规工作在学校得到较好的落实。

2. 组建师资力量

我们学校有比较雄厚的师资力量，七位体育教师全部都是大学本科毕业，教师的专业能力都比较强，其中有两位教师是足球专业教练，为学校开展足球活动提供技术方面的指导。我们的体育教师有甘于吃苦、乐于奉献、爱岗敬业的精神，他们凭着对教育的热情，对学生满腔的爱，因地制宜，锲而不舍地训练学生，为创办足球特色学校奠定了良好的基础。

3. 开展教师培训

学校对教师的培养非常重视，每年暑假都会进行为期一周的

图3-3 激情活力的体育组

（左起：袁新、刘杰、李裕雯、胡厚坤、宁静、何耀、曾麟）

教师培训，有来自国家、省、市级的教研员和专家进行指导，培训内容也丰富多彩，不但进行理论上的培训，而且对教育教研的方向给予重要的指导，让我们在暑假休息之余也不忘给自己充电。另外，学校十分关注上级部门进行的各类培训活动，积极地选派老师出去学习、培训，让老师时刻保持一颗学习的心，汲取外面的优秀资源，为学校教育事业的发展助力。

4. 师徒结对学习

为了让新进教师更快地成长起来，学校采用"青蓝工程"结对学习的模式，让有经验的老教师带新教师，对他们的课堂教学进行指导，让新教师更快地上岗执教。这样不单是对新教师的一种历练，对老教师来说也是一种提升。

5. 组织教师考核

我们学校每学期都开展一次教师专业技能竞赛和教师业务能力考试，督促教师在教学之余不忘学习，保证教师应有的基本专业素养。业务能力考试主要是对教师的理论知识进行考核，让教师不单只是在技能上有所提高，同时，促进教师从教学的实践中学会提炼理论知识，有利于把教育教学的研究上升到理论的层次。

二、创新足球校本课程，开展校本教研活动

1. 开发足球校本课程，为创建足球特色学校提供理论支撑

校本课程的开发与发展是一个长期的教育实践的过程，是一个需要学校领导和全体教师在长期的教育管理和实践中不断总结、提高的过程。我校在实施校本课程之初，广泛动员，统一思想，激励斗志，认真学习，为创建足球校本课程增添动力。通过对学生问卷调查、教研组意见征集，我们对教学的现状和师生对校本课程的期望做了前期的调研工作。2015年3月拟订了《校本课程实施方案》，把足球校本课程作为其中的一项重要内容。

经过一年的实践与探索，我们成功编写了足球校本教材，并且各年级的体育课校本教材也即将完稿。根据校本课程实施方案以及学校的发展规划，我们每班每周开设一节足球课，普及足球知识与技能，培养和激发学生对足球的兴趣和热情。

2. 开展有足球特色的教研活动，为创建足球特色学校注入活力

首先，我们每周进行一次业务学习和集体备课，学习有关足球方面的知识与技能，讨论教学中遇到的问题，统一各年级的教学进度，为更好地在足球课上普及足球知识与技能提供保障。

其次，每位教师每学期上一节公开课，同时开展小教研共同体活动，体育组全体成员集思广益，研讨出一堂与本组课题（"小学校园足球普及的实践探究"）相关的精品课。一年多以来，我们致力于研究小学足球课堂的教学方法，探究出"三步教学法"的教学模式，大大提高了学生的足球运动水平，也培养了他们对足球运动的兴趣。

再次，体育教师还会不定期地进行足球小比赛，提高自身的足球运动技能。

第二篇章　学生

一、开展足球社团活动，丰富学生课余生活

1. 多姿多彩的大课间

每个学期，我们学校都将大课间活动纳入学校的常规教学，积极开展丰富多彩的大课间活动。全校师生真正将"健康第一"的理念深刻地贯彻在学校日常工作中。同学们在大课间活动中跳绳、打篮球、踢毽子、打乒乓球、玩波波球，每个年级也都有踢足球的项目。我们根据场地的大小因地制宜地开展丰富多彩的大课间活动，特别是足球活动，在班主任老师和体育老师的共同组织下，孩子们有序、有趣、充实地进行活动，他们非常

图3-4 足球训练

喜欢，玩的热情也很高，欢声笑语充满了校园。大课间活动的开展，既锻炼了同学们的身体素质，同时也培养了同学们的团队意识，融洽了师生关系，大课间活动已成为同学们强身健体的多彩舞台、身心放松的快乐驿站。

2. 活力四射的足球社团

学校开设了足球社团，每周星期二、四的下午开展社团活动。根据学生的年龄特点和足球运动技能的高低，我们把足球社团分为低、中、高三个水平段。老师在培养学生对足球运动的兴趣的同时，更重要的是对学生的足球运动技术进行指导。目前我校足球运动已普及，足球运动的热情正在云小的校园燃烧。

3. 丰富多彩的校园足球文化节

为了能够更好地推广和普及校园足球，丰富校园足球文化，营造良好的校园足球氛围，我们开展了一系列的活动。首先，在中高年级举行了足球队队旗的设计比赛；其次，进行了以"校园足球"为主题的手抄报比赛；另外，还组织了足球啦啦操的比赛。这些足球文化活动不但提高了学生对足球运动的认识，而且还激发了他们参与足球运动的积极性。

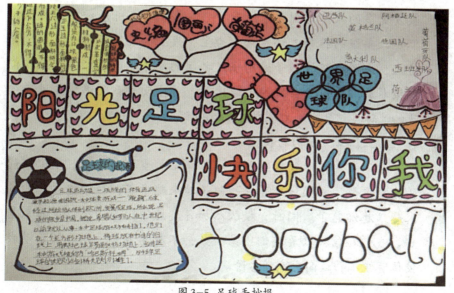

图3-5 足球手抄报

图3-6 旋风足球队

二、创立班级、年级、校级足球队，组织各级足球联赛

在普及了足球知识与技能后，我们根据学生的运动水平与兴趣，组建了各年级足球队，并推选优秀的运动员进入校队。为了激发更多的人参与到足球运动中来，我们每年开展校内的足球比赛。低年级的孩子以培养兴趣为主，设立的比赛项目也是以趣味为主，中高年级的孩子进行班级之间的足球小比赛。另外，我们积极参加湘潭市、县级的足球比赛，并主动联系兄弟学校进行校队的足球友谊赛，来积累学生的比赛经验。

第三篇章　我们的收获

近年来，我们欣喜地看到足球课上学生接受和掌握足球技能的速度更快了，操场上踢球的孩子越来越多了，孩子们踢球的技术越来越娴熟了。同时，校队参加各类足球比赛的成绩也越来越好。我们相信，只要我们团结一致，不断学习，一定能够推动我校体育组工作迈向更高的台阶。

情境英语教学

"Hello! Welcome to Yunlong Primary School! I'm your guide, please follow me!"周二下午一走进云小，就有几个热情洋溢的小学生用英语和进入学校的客人打招呼，抢着要带路。孩子们标准流利的口语，自信大方的举止，不禁让人惊讶："孩子们是如何做到的?"

作为寄宿制小学的学生，学生除了周末，其余的时间都在校园，云小的英语老师十分敏锐地感觉到：要充分利用校园时间，创设校园情境，让英语教学工作做出实效。情境是小学生英语学习必不可少的"调味品"，语言的呈现、操练和运用都离不开它。语言环境有多种，一般来说，有自然语言环境、局部语言环境和自我营造的人工语言环境。自然语言环境是指以该语言为母语的生活环境；局部的语言环境是指学习者部分时间生活或学习于该门语言环境中；而人工语言环境主要指学习者在头脑中用该门语言复述、描述、记忆或营造的某些场景。而我们正在研究的主要是局部的语言环境以及人工语言环境，即学生在校时间内包括课堂内外的英语口语使用的环境，也就是我们今天的主题——校园情境。

为了最大化地利用校园情境提高学生口语技能，英语老师们坚持研究学习与实践相结合，申报了"利用校园情境，提高小学生口语交际能力的研究"这一课题。通过课题研究提高教育教学理论水平，有效整合原有文本的情境和真实的校园情境，积极创设有趣的生活情境和活动情境，激发学生的学习兴趣，提高学生参与语言实践的积极性，从而达到灵活运用语言的目的，让学生敢于说、乐于说、有话可说。

一、课内：创设情境，在情境中学习

从单词到句型对话到篇章阅读，老师们都注重方法的指导，情境的创设，不拘泥于课本，让孩子以轻松自然、循序渐进的方式获得英语学习能力。

1. 单词教学：使用自然拼读故事书的方法提升孩子们的拼读

能力。授人以鱼不如授人以渔，在引导中，教师十分关注单词的有效记忆和学习方法的培养，摒弃传统的游戏教学或死记硬背，她们的单词教学通过自然拼读故事书获得人工语言环境，让拼读与阅读相辅相成，互相促进。如三年级上学期教元音字母"Aa"在单词中的发音时，教师会给孩子们呈现大量的关于字母"Aa"读音练习的故事书、音频、视频资料。教师在单词新授部分关注对学生语音拼读能力的培养，运用自然拼读法让学生掌握发音规律，正确拼读单词，降低记忆难度。如：教授新词"clay"时，通过故事书中出现的单词替换辅音或辅音组合拼出"day, play, say, may, gray"等词使学生掌握发音规律。通过这样的长期训练，云小的学生们提升了看词会读、听词能写的能力。

2. 文本教学。教师直接运用校园内的事物作为有效的教具，让学生了解到英语不是另一个国度的事物，他们所学习的英语就存在于他们的身边、源于他们的生活实际。教师通过老师和学生的情境视频或图片自然导入新课，真实有趣、贴近日常生活的活动方式让孩子们乐于学习，自然习得语言。引导学生以小组合作学习方式展示教室内的物体并进行比较。如湘少版五年级上册 Unit 9, Part A, 学习句型"Mine is shorter/longer/bigger/smaller

图3-7 生动幽默的外教课堂

than yours"这个环节，利用教室内的人物和物品进行对话，在学生之中开展练习活动，充分将语言运用于生活之中；注重学生合作学习和展示，锻炼学生胆量，提高英语语言表达能力和组织能力。教师还在拓展环节设计"Let's act"这样一个任务：通过课件展示校园中学生熟悉和喜爱的场景或图片，如操场、电脑房、寝室、读书吧等校园环境，让学生四人一组讨论与图片有关的介绍对话的内容，之后上台表演，在表演对话的过程中体会且比较语言的表达及运用。为了使情景更具真实性，教师和学生还事先根据不同场景需要准备一些实物，让学生们自主挑选喜欢的主题来进行交际。通过这样的方式将课堂情境校园化，能让学生在校园生活中不由自主地联想到英语知识，能够在生活中运用英语，形成浓厚的英语氛围，提高学生之间英语交流的兴趣。

教师还通过多媒体平台每周布置和查阅学生的口语作业，学生能够在平台上听、说、读，还有童话故事配音、角色表演等拓展活动，并在课堂上展示学生的口语作业。这样不但可以激发学生的兴趣、开阔视野、增长知识，而且能培养英语思维、增强语感、提高口语技能。

3. 文本阅读。早已摒弃题海战术，老师们通过大量的业务学习研究发现，语言学习最好的方法是大量地进行课外阅读。课堂上教师给孩子们读故事书的方法主要利用的是交互式电子白板播放电子书：给孩子们一边放音频，一边看图。有故事改编歌曲的就先听故事再听歌曲，不需要翻译。教师选书遵循趣味性、重复性、带音频三条原则。优秀的绘本，不仅内容编排合理，图片能很大程度上帮助孩子理解文字，还能发展孩子猜测、揣摩、推敲的能力。当有学生提问时，可以让其他同学一起猜测，集体讨论并解答，老师的角色就只是提供优质故事的参与者。

二、课外：利用情境，在情境中运用

由于受母语的影响，学生每天除了上课能听老师讲英语外，其余时间输入的信息仍然是汉语，这种氛围很不利于口语交际能力的培养。新课标中指出：英语课外活动是学生英语学习的重要部分，能为学生的语言实践和自主学习提供更大的平台。因此，根据学生的语言水平和年龄特点，我们开展了丰富多彩的课外活动。

1. 英语周活动。每学期云小校园均会开展盛大的英语周活动。英语周将开

图3-8 圣诞节孩子们与外教表演话剧

展一系列英语活动。每学期的主题和内容均不同，如"英语之星"比赛、课本剧、童话剧、英语歌曲表演、英语讲故事、绕口令等全校性比赛，颁发"英语之星"荣誉证书，激励全校学生积极参与。又如英语达人秀、英语手抄报、英语书写比赛、英语话剧比赛、英语趣味竞答赛、英语购物街、环游世界、英语跳蚤市场、英语故事进课堂……内容丰富多彩，形式多种多样，让每一个孩子都有机会参与锻炼。

2. 抓住节日契机。每年的节日很多，有祖国本土节日也有西方节日，每个节日都是很好的教育契机。每年的圣诞节，云小都会开展盛大的圣诞节游艺晚会和大型服装秀。复活节开展寻找彩蛋的游戏：将复活节知识或英语任务藏于蛋内，完成任务即可获得奖励。母亲节、父亲节会设计英文贺卡送给父母，儿童节会让孩子们参加文艺汇演，表演英语节目，担任英语主持人……英语教师还会在课堂上播放与节日相关的小故事、电影、歌曲，孩子们在这一系列的活动中真正地使用了英语，将英语用在了情境之中，效果自然不言而喻。

3. 校园英语解说员。校园即家园，学生们对校园十分熟悉，为了锻炼孩子们的英语口语，英语老师们开展了一场别开生面的"招聘会"，"招聘"了一批小小校园解说员，在每周的文体活动时间分散到校园各个角落，对来往同学或老师介绍校园文化，很好地锻炼了孩子们的胆量和口语能力。每逢学校大型活动之时，总

会有不少家长、外校老师来到学校，孩子们都能泰然自若地展示英语风采。

4.外教资源。外教的课堂是最受孩子们欢迎的，老师和学生们不仅经常与外教交流学习，而且邀请外教参与所有的课外活动。在一次次的接触中，孩子们的口语能力得到了很大的提高。孩子们由刚开始的不敢说、害怕说，到流利大方地交谈，无不显示出老师们的团结协作在英语教学中的作用。2015年10月"汉语桥——英国校长访华之旅"来到了云小，Helen校长走进校园，孩子们都落落大方地和校长打招呼，热情洋溢地和Helen校长进行英语交流，不觉让Helen校长啧啧称赞。

让学生在课堂上有话可说，并且能运用于生活，这是云小老师们进行口语教学的初衷。小学英语教学生活化是《英语课程标准》中强调的"在做中学，在学中用"的最好体现。利用校园情境，把握情境要素，使教学活动置于真实的生活背景之中，激发学生听、说、读、写的强烈愿望，让学生在校园情境这个生活舞台上，大胆地说英语，最终，在绚丽多彩的生活中用英语，让英语真正走进每一个学生的生活，使每一个学生真正爱上英语。

图3-9 孩子与来访的英国Helen校长大胆交流

3. 莲香情韵

语文教研组建设

　　亭亭出水中，灼灼迎朝晖，碧叶流莹珠，幽香暗袭人。红花绿叶相映，尽显"出淤泥而不染，濯清涟而不妖"的风姿。这就是莲花。自古以来莲花就受到人们的喜爱和推崇，许多文人墨客纷纷撰文吟诵。

　　在云小，有一群这样的人：他们热爱学习，个个都饱读诗书，舞文弄墨，信手拈来；他们充满激情，课堂便是他们挥洒汗水的天地，学校便是他们实现梦想的舞台；他们团结务实，不管是自身的教学还是学校的各项活动，他们都能精诚合作，出色地完成各项任务。他们宛如一朵朵娇艳的莲花，在云小的校园里散发出阵阵清香。

　　这群人平均年龄34周岁，其中担任班主任的31人，具有高级职称的教师16人，市学科带头人1人，市、县级优秀教师、骨干教师、"杏坛之星"共11人。这是一组年龄结构合理，整体素质高，教育教学能力强，富有合作意识和团队精神，充满朝气和活

图3-10 "莲香幽幽"语文组

力的学习型教师队伍，曾被评为"省级优秀语文教研组"。

近年来，在上级领导的关怀下，语文组的建设不断得以发展和提高，并形成了工作扎实、教风严谨、团结协作、敢于争先的作风，这是一个具有凝聚力、战斗力的集体。同时语文组积极创设多姿多彩的语文实践活动，这些活动不仅丰富了学生的生活，也使学生的语文素养有了很大的提升。近几年来，在全国中小学生征文大赛、市书信征文、湘潭晚报上发表文章等活动中，学生佳绩频传，有300多人在全国中小学生征文大赛中获奖，200多人在市书信征文比赛中获奖，每年均有几十篇佳作在晚报上发表。

一、建章立制，完善教研组的管理

虽然说教研组是最基层的教师专业组织，但作为我校这样一所大校，单靠学校直接管理组内所有的事情是不实际的。根据学校的实际情况，在教研组建设中我们实施层级管理。

我们明确了主管教学的教务科主任为学校语文教研的第一责任人，下设教研组长，每个年级设一个集体备课组长，任务是负责组织所辖年级的一切相关工作。例如：年级组的集体备课和研课、资料的收集和分发、学生活动的设计和开展、教研课题的研究等，全体教师参与其中。

近年来，我们发动老师进行讨论，形成了一套适合教师成长的学习制度，教研组建设制度，为教研组建设搭建平台。先后印发了《湘潭县云龙小学发展规划》《云龙小学教研方案》《云龙小学教研制度》《集体备课制度》《云龙小学教研组组长职责》《云龙小学实行研究型教师队伍建设方案》《四级指标教师评选方案》等文件。同时根据语文教学的实际情况，还制定了非常翔实的《云龙小学语文教学常规要求》《云龙小学国学诵读方案》。

二、立足实际，确立教研组活动模式

随着校本教研的推进，我们也逐渐发现，教研活动要真正体现"校本"的本质，突出"校本"，符合每一个教研组、每一个教师个体的不同需求。我们的教研组活动开展坚持采用以下形式：

（1）固定了教研时间，每个星期二的晚上，开展业务学习活动。

（2）集体备课：教研组内根据语文学科特点分成6个备课组。期初备课组集体解读文本、分配任务，同年级教师集体教研，形成集体备课的预案，个人再次深钻教材，进行二度设计，形成特色个（教）案，并互动交流，共同解决教学实际中的问题，以此进一步提高课堂教学效率。

校本教研的目的主要是解决教学中的问题，提高课堂效率，从而提高教学质量。教研组工作是校本教研的基础，在长期的教研活动中，我们总结了一套比较有效的、深受教师欢迎的教研组活动模式。每周每个年级都有固定的研课时间。首先组内教师在小教研时间里进行教学信息交流，对教学中发现的问题进行初步筛选、提炼，确定教研专题，然后组内教师针对教研专题分头做准备，在大、小教研集中的时间里对教学问题各自畅所欲言，进行深度研讨、交流，再各自回到教学实践中反复论证、磨合，在大、小教研时间里对问题进行归纳、整理，达成共识，分享经验。值得一提的是，"专题"并非全是问题，有的专题研讨中心话题可以是一种教学方法、一个教学案例、一项研究性课题、一次理论性学习、一位学生现状分析等多方面的内容，根据教学实际而定。

三、多种形式，开展教研组活动

1. 集体备课常规化

集体备课是提高教师专业水平，提高课堂教学质量，加速青年教师成长的有效途径。经研究实践，反复摸索，总结出以下小教研组集体备课模式：

明确任务、解读文本　→　专人主备、形成预案　→　二度处理、形成个案　→　实地上课、听课评课　→　自我反思、教学相长

"明确任务、解读文本"，同年级教师在教研组长的协调下，备课组长将任务分工落实到人。

"专人主讲、形成预案"，利用小教研活动时间，每单元主备的教师负责主讲，介绍与本单元相关的教学理论，分析教学目标、重点、难点和设计教学过程，提供多媒体教学素材等，其他教师提出建议及补充意见，形成大家公认的较好的单元教学预案。

"二度处理、形成个案"，是集体形成的教学预案由每个教师进行个性化调整的过程。教师们把集体教学预案转化为班级学案，并应用到实际教学中去。

"实地上课、听课评课"，负责主备的教师选择一个课时进行公开教学，同年级教师听课，典型课例向全校语文教师公开。

"自我反思、教学相长"，面向语文组全体教师上公开课，经过集体讨论，然后将调整后的教学设计，包括教学反思、教学软件汇总形成语文组系列教学资源，供下一届同年级师生使用。

2. 教研活动系列化

在教研组建设的过程中，我们深知教研活动的开展是融洽组内教师之间感情的纽带，是提高教师专业水平的重要途径。为此，我们形成了系列活动。

为了尽快提高青年教师教学水平，我们每年都开展了青年教师赛课研讨活动。近两年来，我们开展了以年级组为单位的小教研共同体活动，活动反响好，老师收获多。比如：2015年，二年级组开展了"聚焦识字，玩味语用"的小教研共同体活动，四年级组开展了"让绘本的花瓣，一瓣一瓣地绽放"的小教研活动等。每个年级组的小教研活动，老师们分工合作，有的上课、有的讲座、有的拍照、有的整理资料。每次活动，教研组长都认真抓好以下环节：试课、磨课、交流、修改、组织听课、评课、总结。教研组内同事相互听课、研讨。大家群策群力，发言积极，共同探讨了一些平常教学中存在的问题，提出了卓有成效的见解，为各个层次的教师提供了锻炼的舞台，搭建了成长的桥梁，也提高了教师的课堂教学水平，同时此活动也得到了市、县教研员的高度好评。

为了提高教研组团队意识，我们深知在教育科研中要注重教师之间的交流，以此促进教师队伍的内涵发展。为了促进教师之间的对话，学校给教师的交流创设了平台，我们开展"网上语文教研沙龙"、"资源共享"活动。在校园局域网上设立了教师论坛。每月月末，我们都要将教师的读书笔记、博客等优秀资源进行整理，发表在校园简报上面。值得一提的是，在校园网站中我们设立了博客群，每人展示的都是自己最优秀的读书心得。我们将以上教研活动办成我校的语文教研特色，并成为我校传统的教研项目。

3. 教师培训多样化

教师培训培养了全体教师新课程、新教学理念，促进了青年教师的成长。我们的教师培训形式主要有：

（1）专家引领。近年来，到我校指导工作、进行师资培训的专家有：省教科院副院长赵雄辉教授、刘建琼教授、李再湘教授、陶佑钦教授、市教科院陈乃真老师、县教研室赵特老师等。培训的专题有："做一名智慧型的老师"、"让优秀传统文化扎根校园"、"课堂有效性研究"、"培养教师的综合素质，促进教师的专业成长"，等等。

（2）骨干引领。充分利用已有资源，发挥骨干教师的示范作用。近年来我们主要做了下面两项工作。第一，"青蓝工程"是我校加强教师队伍建设的一个重大举措。"青蓝工程"的实施意在充分发挥学校骨干教师的传、帮、带作用，促进青年教师在较短的时间内适应教育岗位的基本要求，实现师德、师能的同步提高。学校"青蓝工程"在教务科的具体指导下，有明确的指导思想，有具体的实施方案，实习、储备教师均一对一建立了师徒关系，使这项工作取得了明显的成效。除了完成每月一至二节的汇报课外，青年教师每月都要完成相应的理论知识学习和笔记摘抄任务，以此促进青年教师教科研水平的提升。肖谢女、贺媛、张晴老师的汇报课均得到听课老师和领导的好评。第二，骨干教师上示范课。朱红果、李超利、马意、陈颖玉、陈惠、彭桃英这六位老师是我校语文骨干教师。近年来这几位教师上过的示范课有"七律·长征"、"鱼游到了纸上"、"雨点儿"、"生命生命"、"想别人没想到的"等。

（3）外出学习培训。学校经常性地派出教师到外地参加各级语文学术活动或培训。近年来，学校先后投入了十多万元派语文老师去浙江、北京、深圳、香港等地参加省级和国家级赛课活动，回来后进行汇报交流，这让老师们收获多多。比如：2015年5月份开展全国发展与创新的课题研究，我校派出的两位选手，均获全国比赛一等奖。

四、课题研究初见成效

我校曾参与国家级"发展与创新研究"课题研究，并结合学校实际确立了子课题"小学语文多元评价对学生的发展促进作用"、市级课题"小学语文两型课堂策略实施研究"，分别于2013年、2014年顺利结题。为了能给云小的孩子播下中华文化的种子，使他们成为有根的现代小公民，2013年语文组在学校领导的引领下，专门编写了国学诵读校本教材《书香情韵》。2015年下学期语文组成功申报了省级课题"小学国学经典教育策略实施研究"。

开展课题研究以来，我们每天根据教务科的安排，进行全校性的诵读工作。每天晨读前10分钟进行经典诵读，每周二的夕会课也进行《书香情韵》的诵读。每周晚自习抽出一节课，进行"育灵童"国学软件的学习，与时俱进。进行学科整合，与书法老师合作，培养学生专心致志、一丝不苟的良好习惯，克服粗心、草率、浮躁的不良习惯。与学生科合作，把以往大家熟悉的"丁

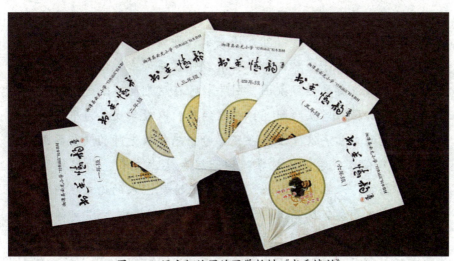

图3-11 语文组编写的国学教材《书香情韵》

零零"的铃声或纯音乐铃声改为伴随着音乐的国学诵读。与体育老师合作，在国学操中融入文明礼仪的教育，达到润物无声的效果。与音乐组合作，编排国学节目《笠翁对韵》等，让学校绚丽的舞台充盈着文化的底蕴，赢得了别样的精彩。

我们不仅在学校教育孩子成为一个知书达理，有着良好阅读习惯的人，而且也让孩子良好的阅读习惯延伸至家庭。2015年下学期我们开展了"故事爸爸妈妈进校园"的读书活动，吸引了不少的爸爸妈妈来校讲故事，他们的精彩讲述不仅深深吸引了孩子，还在孩子当中起到了长久的正面影响作用，此次活动也取得了良好的社会反响。长此以往，书香不仅溢校园，更是满家庭。

另外，自长株潭城市群被国务院批准为"两型社会"建设综合配套改革实验区以来，学校提出了"两型社会"人人参与，"两型意识"从小培养的思路。于2008年7月，学校开始确立了"小学生资源、环境教育研究"课题，把"两型"教育工作作为一项教育科研课题进行深入探讨。经过长达5年的研究、修改、探讨，2013年在我校语文老师为骨干老师的群策群力之下，这套"两型"教材在全省推广使用。

五、搭建教科研平台，提高教师理论水平

语文教研组为了提升教师理论水平，鼓励教师自我发展，主要从两方面入手：加强学习，加强教师理论学习的自觉性，除学校规定的教师集中学习外，还要求教师加强自学，规定几种学科教育杂志，人手一本，每月要求教师撰写读书笔记，交流读书心得，形成浓郁的学习氛围，引导教师在这期间不断进步成长；要求教师加强教学实践研究，积累经验，以教学反思为平台，多写高质量的文章。仅仅2015年下学期，朱红果老师的《会画画的图像诗》在《小学语文教学》国家级杂志上发表，李超利、彭桃英、马意、朱红果、谭浪、李婷、伍婧等12人的论文在省级报刊上发表或获奖，陈颖玉、廖艾红、徐婕、贺婷、黄可等老师的40篇论文在市级报刊上发表或获奖。罗晓佳、刘旭明、伍婧三位老师获得县"杏坛之星"赛课一等奖。以语文组为主的"两型"

课题研究顺利结题并获得市级课题研究成果一等奖。同时在湘潭县学力抽考中，四年级语文组获得了全县第一名的佳绩，遥遥领先其他兄弟学校。

六、以发展为目标，提高学生的语文素养

语文学习为其他课程的学习打下了基础，学生语文素养的培养是一个长期的、系统的工程，老师的教学要着眼于学生的未来。因此，我校一直开展了"书香校园"的读书活动，孩子们收获不小。自办学以来，我校建立了读书吧，开展了经典国学诵读、名作家进校园等活动，真正做到为孩子的终身发展而努力。

莲，用自己的娇柔，惊喜世人的心灵；让静美的温柔，流淌在世人的心间。同样，在未来的岁月里，云小语文组的全体同仁决心继续以学生发展为本，以课堂为主阵地，以教研课题为龙头，更新理念，创新方法，彰显个性，以精彩纷呈、高效活力的教学活动形式打造语文学科精品，坚持朝学习型、创新型的优秀人师进发；秉承母语教育的光荣传统，在云小这片肥沃的土地上幸福地相处，快乐地耕耘，那朵朵绽放的莲花，定会散发着幽幽的清香，浸润着云小的每一个角落。

图3-12 课外诵读

4. 点燃科技圣火，创造智慧生活

科技教研组建设

《孟子》云："天时不如地利，地利不如人和。"云龙小学有这样一支团队，他们相互信任、相互包容、相互补台、相互谦让，为了一个共同的教育目标快乐合作、精诚团结，谱写着一个个动人的教育故事。

一、团队建设——优质

我校科技组是一支很有战斗力和创造力的团队。现有10名教师，其中6名科学专职教师，2名信息技术专职教师，2名"两型"课专职教师。科技教研组具有非常鲜明的学科特色，在我校"科技启智"办学特色的引领下，教研组全体成员开拓创新，团结

图3-13 激情飞扬的科技组

协作，为培养具有优良的科技素养的少年而不懈努力。

1. 落实常规，提高效率

落实教学常规，并提高课堂效率，是教研组建设的基础。教研组从备课这一源头抓起，加强备课组内合作共享，注重课后反思。备课流程为："个人说课—集体议课—个性调整—课后反思。"主讲人由组员分工轮流担任，先由主讲人在自己班级里进行首教，同备课组老师前往听课并进行评议，并在"二度设计"栏内添补调整措施，将之作为个人的执行教案。集体议课中，为了避免教师泛泛而谈，缺乏研究氛围的弊端，把着眼点放在"议"

上，采用"问—说—议"结合的动态式议课形式，收到了比较好的效果。在整个活动过程中，备课组的每一位老师都是主人，有思维的碰撞，有智慧的分享。通过集体备课、思维碰撞以及试课、调整反思等措施达到共同提高的目的。

2. 主题引领，深化教研

教研活动是营造教学研讨氛围的最佳契机，为了提高每一次教研活动的实效性，我们采取了"主题引领策略"，实行小教研共同体的活动形式，使校级教研活动有主题，有规范程序，人人参与且有反思。以教研共同体活动为平台，实现资源共享，优势互补，合作交流，促进教师专业成长。按"确定主题—组织研讨—引领观课—展示交流"的模式分专业学习、课例展示、课堂观察、学术讲座四个版块开展活动。我们进行了以"如何培养学生的观察能力"和"展示特色课程，培养创新精神"为主题的小教研共同体活动。这种方式有三个鲜明的特点：研究有主题、有方向；团队合作、分工明确；专业成长快。在以"展示特色课程，培养创新精神"为研讨主题的活动中，刘颖、吴丽丽老师负责课堂展示和说课；刘金花老师负责讲座；曾丽、朱敏老师负责资料收集和材料准备；陈水金、王慧南老师负责课堂指导和课件制作。在大家共同合作和努力下，工作开展非常顺利，不但促进了我们的专业成长，而且也培养了良好的团队精神。

3. 校本培训，专业提升

（1）专题培训

学校每周星期一专门安排"业务培训"时间，有时候和各组老师一起听讲座，有时候各组分开进行学习活动。同时，学校规定每个行政领导必须参与指导课堂教学研究（特别是新课程改革方面）。科技组的单独培训，有时候请教研员进行指导；有时候是看优质课进行评课；有时候由组内骨干教师作专题讲座；有时候是教学技能培训，如信息技术组老师教授最新版交互式电子白板"SeeWord"的操作技能。为了提高教师科技知识素养，每年还举行教师业务考试和技能竞赛，考试内容分为课标知识和教材知识两个版块，引导教师自觉学习，不断充电。

（2）理论学习

结合教研室举行的学科教学论坛活动，加强新课程教学理论学习和探讨。理论学习力求主题鲜明，实际有效。我校要求每位教师订阅相关的教育教学杂志或书籍并定期写好读书笔记。所做笔记一学期不少于12次，每次字数不少于500字。新进教师每学期读两本以上教育教学理论书籍和专业书籍，做读书笔记不少于20次。教研组长在平时的学习中遇到好文章就将之收录至办公内网科技组文件夹，共同学习。

（3）交流互动

校本教研是开放与合作的教研，教师间需要同伴互助，学校间也需要同伴互学。通过观摩和对话，切实解决学校教学活动中的实际问题，全面落实校本教研。学校多次派出科技组成员参加长沙市组织的教学观摩和交流活动；承办"学科大课堂"主题研讨活动；开展送教下乡活动；组织教学开放日活动等，有效地促进了学科之间的交流和教师的专业成长。

（4）队伍成长，成绩进步

教师们的教研行为逐渐发生了改变，参与从"被动"走向"主动"，反思从"形式"走向"问题"。教研组努力成为"群体合作的学习型组织"、"行为改善的共同体"，营造了良好的氛围。在理论学习、专业引领和实践研讨中，大家普遍感到专业理论水平得到了提升。组内涌现出一批认真钻研教学、热衷于教学的科技教师，骨干队伍逐渐形成。在各种学术交流中佳绩渐渐增多：刘金花老师在县教研室组织的教学竞赛中连续两年获一等奖；刘颖老师连续六年被评为"湖南省优秀教练"；朱敏老师在教学开放日的展示课上进步显著；吴丽丽老师在视导课中的表现得到市、县教研员的一致肯定……

二、特色课程——创新

"创新是一个民族进步的灵魂。"对于我们云龙小学来说，创新是我们前进的助跑剂，对于我们科技组来说，创新就是一个永恒不变的话题。办出学校的特色和品质一直都是我们云小的追求，在特色课程教育这一块更是花费了不少的心思，投入了大量的精力，也取得了不可小觑的成绩。我校的特色课程很丰富，语文组的国学经典诵读、数学组的思维训练、英语组的外籍教师进课堂、体育组的足球、美术组的剪纸、音乐组的小乐器，而我们科技组最具特色的课程就是机器人和"两型"课堂。

1. 机器人课程，寓学于乐

信息技术组的刘颖老师将这种富有创造力和时代感的课程真正融入课堂，让更多的孩子来了解有些神秘色彩的机器人课程。这种创新的想法源自刘颖老师这些年来担任机器人教练的经验。机器人学习和制作具有明显的综合性和实践性，学生不仅能接触机器人，体验成功制作机器人的愉悦，更能提升他们的综合素质，培养学生的创新精神、统筹学习的能力、独立思维能力、手脑结合能力等。根据我校的实际情况，我们选择了"WeDo"套装内容作为校本课程的教材，先在中年级开展教学。我们开发校本课程的最终目的就是要满足本校所有学生的需求。这对于我们来说是一个新的尝试与挑战，为了能使这个课程持续顺利地开展下去，刘颖老师对课堂教学的模式和课程的安排做了认真的研究和精心的准备。在课堂上，我们看到学生是绝对的主体，完全沉浸在制作和创造的乐趣中。"自主—探究—合作—创新"这种学习方式在机器人课堂教学中充分体现。

在小学机器人教学中，如果我们能坚持不懈地培养学生创新思维能力。那么，埋在孩子们心底的智慧种子，就一定能生根、开花，并结出丰硕的创新之果。

2. "两型"课程，开创先河

自2008年起，我校便提出"'两型社会'建设人人参与，'两型意识'培养从娃娃抓起"的口号，从学生教育和意识培养入手，着手"两型"课题研究，编写"两型"教育读本，开设专门课程，开展"两型"教学研究活动，全面引导学生从小树立节约资源、保护环境的理念，培养生态文明意识和生态道德观念。为了全面深入地培养学生"两型"意识，体验和感受"两型"的重要性，我校开展了一系列内容丰富、形式多样的宣传教育和社会实践活动，如举行绿色环保"千人签名宣誓"和"种纪念树"活动；开展"两型社会"知识竞赛；举行"两型社会"主题班会；举行"义扫县城，环保家园"活动；在校园空地开辟"开心菜园"，体验不一样的校园生活；组织科技活动小组的学生前往湘江进行水质调查，前往湘乡进行地质勘测，前往湘潭市污水处理中心、湘钢等地进行考察，深入农村、社区、企业，进行实地了解，访问当地居民，使学生受到了很好的教育。历经七年，学校逐步形成了"硬件相配套，教育有课本，实践有活动，科研有课题"的比较完整的"两型"教育体系。2011年被评为"湖南省两型示范创建单位"。2013年9月12日，三易其稿的"小学生两型教育读本"系列教材在湖南省委会议室举行首发式，面向全省中小学推广，也在全国开创了"两型"知识进校园的先河。

图3-14 时任湖南省委常委、长株潭"两型"示范实验区工委书记张文雄亲自主持我们的"小学生两型教育读本"系列教材发行座谈会

　　三年来我校坚持一至六年级每周每班开设一节"两型"课，现有两个专职教师。通过对"两型"知识的学习，旨在培养学生热爱大自然的情怀，了解我们生活的自然环境从而营造节约资源、保护环境的良好氛围。如今"两型"知识已融入课堂，"两型意识"也融入到学生的日常生活中。如何上好一堂"两型"课？我们在这方面也做了诸多思考，"两型"课堂中融合了科学、信息技术、思品、艺术等多个学科领域的特点，为了让课堂教学达到良好的效果，我们在设计课堂教学形式时从以下几个方面进行考虑：符合三年级儿童心理发展特点，用活泼、易懂的语言引导，

用趣味、易操作的方式开展教学活动；课堂评价机制的设计既符合教学内容又起到监督和鼓励作用；运用先进的教学工具获取丰富的教学资源；以学生为主体，培养孩子在语言表达、团队协作、情感态度、思维创新等方面的综合素质。

如今"两型"生活已成为社会倡导的主流生活方式，"两型"教育就是要从娃娃抓起，让学生从小接受节约资源、保护环境的良好熏陶。

三、社团活动——激趣

我校以"为孩子的终身发展奠基"为办学理念，为培养全面发展、个性化成长的优秀少年儿童开设了丰富充实的课外社团，让孩子们在自己感兴趣的领域里尽情挥洒他们的汗水、施展他们的才华。科技组目前成立了四个社团，各具特色。

1. 疯狂博士，玩转科学

"亲手做实验，亲身感奥妙"、"学中玩，玩中学"是这个社团的最大特色。我校科技组与湘潭市青少年宫联合开展"科技探究进校园"的活动，借助国内最具影响力的科学教育品牌，开展素质教育与创新教育活动。教学内容涉及声、光、电、磁、力、天文、地理等18个门类的知识，配备精美的教学器材，形象生动地展示每个科普主题。通过系统的培训，我校多次派出优秀人才参加市、省、国家级青少年创新大赛和科技制作大赛，成绩斐然。2015年刘金钢、吴祖羿两名同学代表学校参加内蒙古包头举办的全国青少年科技制作大赛，分别获得一、二等奖。

2. 开心菜园，体验生活

"种植兴趣班"是科技组一道独特的风景线。对于常年生活在城市里的孩子们来说，种植是很新鲜的事。社团的指导老师每年根据不同的季节带领孩子们种植不同的蔬菜，亲身体验种植的乐趣，记录植物成长的过程，收获成功的喜悦。看着孩子们在园里忙碌的身影，你会真切地感到生命是如此可爱。

图3-15 "开心菜园"

3. 电脑绘画，创意无限

电脑绘画兴趣班是一个充满激情和创意的小团队，这种将信息技术和艺术结合在一起的课程深受学生喜爱。学生通过对绘图软件工具的使用，培养了自身动手动脑的能力，用自己学会的方式创作出各有特色、各具创意的作品。经过长时间的培训，学生在参加全国青少年创新大赛电脑绘画项目中取得了骄人的成绩。

4. 机器人班，战绩辉煌

我校的机器人兴趣班于2010年上半年成立，当时报名参加这个班的学生只有几名，现在有七八十名学生。学校分低、中、高三个阶段进行分层教学，低年级以培养学生的兴趣为主，通过使用"乐高机器人"了解机械知识，让学生在玩中学。中年级学生学习"乐高机器人"基础教程，进行简单程序编辑，并开始进行初级竞赛培训，高年级开始进行全面竞赛培训。教练刘颖、方迪老师带领机器人团队南征北战，捷报频传：2010—2016年湖南省机器人竞赛VEX小学组勇夺七连冠；教练员刘颖、方迪连续六年被湖南省科协评为"湖南省优秀教练员"；2010年在广东获VEX机器人亚锦赛中国区选拔赛一等奖；2012年在天津夺取中国青少年

图3-16 机器人队赴美国参加世锦赛获铜奖

机器人竞赛VEX小学组一等奖；2013年在美国获得VEX机器人世锦赛铜奖；2014年在VEX机器人亚锦赛中国区选拔赛小学组荣获总冠军；2015年在内蒙古获得第15届中国青少年机器人竞赛VEX小学组银牌，机器人队教练员方迪也被中国科协评为"2015年度全国优秀机器人教练员"。

四、主题活动——丰富

1. 校园科技活动节，营造浓厚的氛围

举办科技节是实施素质教育的一个重要平台，是校园文化建设的一项重要工作。学校通过举办校园科技节使广大学生的素质得到提高，情感得到升华，情操得到陶冶，从而全面展示了云小学子的青春风采。我校一年一度的科技节内容丰富、寓教于乐，活动形式多样：妙趣横生的"玩转纸飞机"比赛，让同学们体会动脑与动手相结合、书本与实践相结合的美妙；校园科技论文和"科技金点子"大赛活动，让同学们擦亮眼睛，细心发掘身边的创新亮点；闲暇时，读一本科普读物，赏一部引人入胜的科普电影并记录下感动你的科技发现；抓住灵光闪过的瞬间，出一份图文并茂的科普手抄报，画一幅想象无限的幻想画；利用废弃物参加

图3-17 科技活动节

一场环保时装亲子秀，展现每个家庭的环保理念和舞台风采；还有科普知识竞答赛、科技小制作比赛、社团展示体验活动等。我们将学生作品整理汇编成册，利用科技幻想画和手抄报点缀科技厅，让更多的孩子欣赏和学习。

经过丰富多彩的活动，师生们洒下了辛勤的汗水，浇灌出了鲜艳的校园科技之花。我们在各项活动中都取得了丰硕的成果，发现了一大批热爱科学、求知上进的好孩子。

2. 我为小树挂名片，让每棵树会说话

我校是"湖南省两型示范校"，校园内绿树如荫，环境优美。办公室、教室、寝室、走廊，每一处精心布置，植物在校园里扮演着不可或缺的角色。"两型"组的老师们为了让学生了解校园的一草一木，与学生共同设计精美的名片，让小树为自己代言。通过这种方式，学生不但了解了植物的名字和特征，知道植物的作用，而且还陶冶了自身热爱校园、热爱大自然的情操。

3. 讲科学家的故事，学科学家的精神

为营造浓郁的课堂学习氛围，让科学家能成为孩子们心中的偶像，科技组举行了以"讲科学家的故事"为主题的特色活动。我们让每一个孩子都有一次上台讲故事的机会，课前要求学生精心准备，并得到老师的专业指导，增强孩子在台上的自信心和表现力。老师针对故事内容向学生提问，提高学生认真聆听的习惯。学生和老师共同担任评委，对讲故事的孩子提出建议和意见。每月对表现突出的学生进行表彰并展示学生风采，增强学生的荣誉感和自豪感。通过这样的主题活动，学生对科学家有了更深的了解，对培养学生的语言表达能力、自信心和科学情感起到潜移默化的作用，学生主动讲故事的兴趣日益浓厚。

常言说得好：学校好比一个有生命的肌体，教研组好比肌体上的细胞，如果没有健康的细胞，就谈不上健康的肌体。只有加强教研组的建设，搭建起行之有效的各种教研平台与教师专业化训练的舞台，才能引导、激励每一位教师向专业成长的目标挺进，才能把课程改革的根扎深、扎牢。我校一直致力于课程的改革与创新，虽然走得很艰辛，但也走得很坚定，我们相信未来一定更美好。

5. 让音乐流淌在每个孩子心里

小器乐教学

图3-18 李丝丝老师进行葫芦丝教学

"艺术怡情"是我校育人特色之一，学校在注重抓好学科教学的同时，为学生的个性发展搭建平台，发展学生特长，开展素质教育综合实践活动。我校注重学生综合素质的培养，开设了形体等特色课程，而"小器乐进课堂"成了音乐课堂教学改革的一个切入口，本着"让每个学生都会一门乐器"的宗旨，我们开始了初步的探索。

2014年6月，我们开始筹备"小器乐进课堂"活动，学校领导高度重视，大力支持。两年的时间，我们遇到过瓶颈，同时也收获了一些经验和成绩。

一、小乐器教学情况

1. 乐器的选择

口风琴，因其可爱的外形和优美的音色深受低段学生的欢迎，其演奏方式较为方便，学习口风琴能培养学生控制气息和手指弹奏的能力。准确的音高、直观的键盘，为孩子们视唱和之后乐理知识的学习打下良好的基础。因此，我们在一至六年级实施口风琴合奏教学。

葫芦丝，我国的少数民族乐器，音色独特优美，外观古朴、柔美、典雅，简单易学，小巧且易于携带。通过学习民族乐器，学生可以接触、欣赏更多民族音乐，从而激发他们学习民族乐器的兴趣，在完成乐曲演奏的基础上加入乐曲的艺术处理，故在四至六年级开展葫芦丝教学。

2. 课堂教学的实施

为了保证器乐课的正常开设，每位学生都有属于自己的乐器，做到专物专用。课程开设前，让学生认识并学会清洗、爱护自己的乐器；每班派几名学生专门管理、收发乐器；统一规定乐器的摆放位置，教授乐器吹奏开始和停止的指挥动作；制定了一系列奖惩措施等，让器乐课有组织、有计划地进行。

图3-19 孩子们认真吹奏葫芦丝

从每周两课时的音乐课中分出一个课时来开展器乐教学，音乐老师们在集体备课时根据不同学段学生特点商量好每周的学习内容，学习好知识点的同时，用练习曲和乐曲来巩固提升。经过长期的训练，学生逐渐养成良好的学习乐器的习惯，为深入学习打下良好的基础。

3. 为学生搭建展示平台

对孩子来说舞台是令人向往的，那是表现自我、展现本领、

图3-20 琵琶班的孩子们在艺术节中一展身手

收获掌声的地方。为了提高学生的参与热情和自学能力，鼓励孩子尽情展现自我，我们组织了全校性班级合奏比赛，让孩子们通过演奏来为班级争光；每学期末评选班级"小小演奏家"，这是孩子们通过努力获得荣誉的机会；每年都会举办艺术节等大型文艺汇演活动，让孩子们都有展示小乐器才能的机会。

我们着眼调动学生参与音乐实践的积极性，让学生在快乐中学习，在幸福中成长。在器乐教学中，学生步调一致，相互合作，相互配合，在潜移默化中增强了集体意识，在一次次的表演中，他们更从容更细心更勇敢，享受到了舞台和音乐带给他们的成就感。

二、小器乐教学方法的研讨

1. 提升教师专业理论水平和教学能力

作为老师，我们利用暑假时间进行小器乐教学研讨，根据不同学段的特点，选取适合曲目内容进行分析、备课，通过观看视频课、练习乐器，得到演奏技巧的提升；通过阅读相关书籍补充器乐教学的理论知识；积极参加小器乐教学的研讨会议，等等。

2. 情景联想，激趣教学

在课改理念的引导下，器乐教学基本走出了过去只重视对器乐基本知识的认知和基本技能训练的误区。我们利用"情景联想，激趣教学"的模式展开教学，在器乐教学的过程中，更多地关注学生对音乐作品情感的体验、情景的联想。教师更多地启发学生表现美，引导学生随音乐做表演，带着学生用乐器给歌、乐曲伴奏；更多地注意将音乐与情景、故事、表演等手段相结合，激发他们演奏的兴趣。在《金孔雀轻轻跳》这一课上，李老师就利用了孔雀的形象让孩子感受了乐曲的优雅、灵动，让学生模仿孔雀点头的动作也练习了手指的灵活度，不仅激发了学生的兴趣，也为之后学习"打音"做了很好的铺垫。

　　器乐教学应努力从一种"技术性"的教学逐步向"艺术性"的音乐教育转变，努力通过"音乐想象"来重新塑造音乐作品中的"形象"。教学中可通过现代多媒体技术，把乐曲的主要内容或音乐形象通过视觉形象生动地表现出来，从符合儿童的认知能力、身心特点出发，帮助学生理解作品的内涵，激励学生富有情感地演奏，达到审美的目的。

　　3. 不同教学内容与器乐合奏教学相结合的策略

　　（1）音乐知识与器乐教学的结合

　　传统的音乐知识教学因其枯燥乏味、耗时太多而阻碍了学生学习音乐的热情，而通过乐器学习则有助于学生加快对基本乐理的学习。例如在学习识读乐谱、音阶、音程、和弦等音乐知识时，可以请同学在口风琴上简单吹奏，使学生在音乐实践中较快地学会并掌握有关音乐知识。我们的器乐常规课分为三个板块：基本训练、巩固练习和乐曲提升。长期音阶练习和基础知识的积累，对学生音乐素养的全面提升有很大的帮助。

　　（2）歌唱教学与器乐教学的结合

　　传统的唱歌教学：先识谱、认识音符、反复唱谱子，再朗读歌词、学唱歌词。这种形式比较单一，学生会觉得枯燥乏味。利用乐器试奏新歌的曲谱，或是在新歌学唱以后，边唱歌边伴奏。这样做既锻炼了学生试奏、演奏的能力，又与唱歌、视唱等教学有机地结合在一起，也增加了学生学习音乐的积极性和兴趣。在《金孔雀轻轻跳》的第一次试课中，李老师让孩子们听完之后模唱一次便直接识谱演奏，最后的呈现效果不佳，学生对乐谱熟练度不够。经过研讨，我们在演奏之前加入了乐曲多次跟唱，结合音孔图，一边做按孔练习一边演唱，通过这种歌乐结合的教学方法，大大提高了教学质量，对学生主动参与音乐教学提供了很大的帮助。

　　（3）音乐听赏与器乐教学的结合

　　音乐听赏是音乐教学中的薄弱环节，由于传统的听赏课经常采用讲解式的方法，听赏课被学生说成"瞌睡课"。在《金孔雀轻轻跳》的课上，李老师让孩子们观看了孔雀舞的视频，不仅感受了傣族的民族风情也扩展了孩子们的音乐视野。在教学研究中，我们把音乐听赏与器乐教学相结合，学生听完这首乐曲之后，对乐曲产生兴趣，并想去演奏它，这样，学生才能在学习乐器的演奏过程中，努力去克服演奏技巧上的难点，去追求乐曲演奏的整体表现，追求音质、强弱和音乐表情等，李老师让孩子多次聆听，熟悉旋律，为之后的学习打下基础。

把器乐教学与音乐知识、歌唱、听赏相结合，让孩子的音乐素养全面提高，学生把器乐课上所学的知识点运用到歌唱课中，也大大地提升了教学效率，从而解决了音乐课的课时问题。

4. 重视过程评价，形成师生互评、生生互评的多方位评价体系

（1）建立师生互评、生生互评的评价机制

在每节课的教学开始环节，教师要组织学生分别从表演姿态、气息运用、指法设计、节奏的掌握等角度进行生生互评。在学生展示的环节，让学生进行演奏方法的交流，对学习中的难点，师生共同讨论解决，以"生教生"方式组织教学。在教学中，教师们注意捕捉学生的闪光点，对学生独到的见解、独创的方法进行及时肯定，对"后进生"多关注、鼓励，对好动的学生不训斥，而是巧用学生的小错误来积极引导。孩子们也可以采用自评、同桌之间互评、班级乐队内部互评等形式进行评价。

（2）制定了以学期为阶段的检测方案

在器乐教学期末检测中，老师们设计了新的评价方案对学生进行综合测评。以学生平时参与音乐学习的态度和积极性、登台表演的次数、音乐表演的情趣性、能否与他人合作、获得老师的奖励多少作为评价的量化标准；最后，再根据学生自评、互评和小组评的分数以及学生平时的学习态度，综合打分，给出相应的等级。另外，对于表现特别突出的个人、小乐队，通过全班投票，最终评出"小小演奏家"，当然还可以开设其他奖项，如"最大进步奖"、"互助奖"、"最佳成果奖"等。这样的评价对学生的情感态度与价值观、过程与方法、知识与技能"三维目标"进行了全方位的考查，我们也制定了低、中、高不同年级段的测评试卷来考察学生的音乐基础知识。

（3）汇报展演

每学年我们组织了以班级为单位的小器乐汇报展演活动，从

图3-21 孩子们为听课老师表演葫芦丝

曲目选择、演奏形式到表演队形，学生们都争先为自己的班级出谋划策。这样的竞赛，不仅提升了学生学习器乐的积极性，也增强了孩子们的集体意识和班级凝聚力。

三、取得成效

学校实施"小器乐进课堂"已有两年时间，我们欣喜地看到每一个孩子都把"小器乐"当作了自己的宝贝，都能较熟练地为大家表演、弹奏曲目。学生有了较扎实的音乐基础知识，有了上台的表演经验。英国校长访校时，学生自信、大方地向其展示自己的小本领，这得到了英国校长的连连称赞。作为老师，我们不断更新自己的教学理念，总结了一定的经验，形成了一套自己的教学模式。我们编写了有关葫芦丝、口风琴的两本校本教材，系统归纳了一至六年级的教学内容，做到每一课环环相扣，每一个知识点都能学以致用。

两年来，在课堂器乐教学的探索过程中，我们有艰辛亦有甘甜。探索中的困惑令我们感到艰辛，探索中的收获让我们感到欣喜。当听到每一个孩子的乐器声在舞台上、在教室里飞扬时，我们知道，我们将一如既往地让音乐流淌在每一位孩子的心里。

三、脉脉春风来，次第梨花开

菁菁校园，是孩子们的兴趣之家。绿荫场上，转动的足球让人热血沸腾；美术室里，舞动的笔尖让童心感受斑斓世界；围棋教室，黑白对弈，驰骋纵横天地；科学实验，探索"鬼点子"背后的秘密；一点一横，一撇一捺，翰墨飘香的书法室里有着一道道美丽的风景；舞蹈社团，动人的舞姿，就像一朵朵小花在校园里绚丽绽放；音乐教室，悠扬的琴声令人陶醉，美妙的音乐陶冶情操；文学社团，孩子们妙笔生花，品味大自然的鸟语花香；"创意机器人"，在指尖的掌控之中孩子们享受着无穷的乐趣；英语角的小舞台上，没有豪华的摄影，也没有大手笔的场面，但孩子们快乐地演绎，记录着大家的五彩童年、缤纷大世界……

1. 享受指尖的智慧

机器人社团

在云小众多社团中，最引人注目的是 "创意机器人"， 这是由一群机器人爱好者组成的团队，是一个怀揣着梦想与激情的团队，是一个敢于迎接挑战的团队。孩子们设计组装的机器人在他们的遥控操纵下时而风驰电掣，时而缓步慢行，大家在指尖的掌控之中享受着无穷的乐趣……

自2009年创建机器人社团以来，由方迪、刘颖这两位全国优秀机器人教练员带领，在教学和实践过程中充分运用团队合作学习的模式，以任务为纽带，及时通过各种辅导资料解决学习中的问题，并及时调整教学和研究的方向，将培训年级拓展到一至六年级，确定选择适合的培训、竞赛项目，确定教学计划和目标，形成幼儿启蒙搭建小组、初级小能手、中级、高级和竞赛五级培训体系，吸引更多的孩子参加"创意机器人"学习。

7年来，这支机器人代表队共获得亚洲机器人锦标赛金奖两次，中国区选拔赛金奖三次，省级机器人竞赛金牌七连冠。学生在亚洲机器人锦标赛中，11人荣获金奖，4人荣获银奖，6人荣获铜奖；在全国机器人竞赛中，12人获一等奖；在省青少年机器人大赛中，27人获金牌。

一、且看：精彩盘点

图3-22 机器人队在美国与联盟队友合影 　　图3-23 机器人队获亚太地区机器人锦标赛金奖

二、且听：我们的故事

参加2014年的湖南省机器人比赛冠亚军争夺赛的，都是我校的两支队伍，分别是四年级周君毅、赵天龙、成锦江、唐明焱四人与我校六年级学生，在前四场比赛中，孩子们打成了2比2的平局。到了决胜局，轮到成锦江同学上场了，比赛一开始，成锦江操控的机器人出现了状况，机器人只能在原地打转，最终以对方大比分领先输掉了关键的比赛。

赛后，同组的孩子都在埋怨成锦江，成锦江也是一脸茫然，一言不发，我看到这，连忙跑过去，对孩子们说："你们是一个团队，不要因比赛成绩不好，就埋怨队友。我们不要埋怨，要认真总结失败的原因。"这时的成锦江，眼泪已经在眼眶里打转了。他弱弱地说了一句："机器人的轮子出问题了。"我说："对呀，你们比赛前没有好好检查机器人，机器人都不能正常行走，你们怎么能赢比赛？"其他的三个孩子，还在不停地埋怨，只有成锦江弯下腰，开始认真检查起机器人。没有过多久，成锦江小声地说："老师，控制机器人右边马达的电线松了。"我有些不悦道："为什么比赛前不好好检查机器，我反复交代的事，你们就是不听！"这4个孩子，听到我的责备后，都一言不发……由于冠军还是我校六年级队员获得，我也没有将此事放在心上。

2014年秋季开学之后，我拿到学校机器人社团名单的时候，我大吃一惊，我居然没有看到成锦江的名字。虽有遗憾，但是心想，可能是与其他兴趣班有冲突，而放弃了机器人兴趣班。

　　每周的机器人社团活动，按部就班地进行着，有几次，我发现窗户边有人探出头，在看学生训练，我仔细一看，原来是成锦江那小子。我心想："这小子，既然这么有兴趣，为什么没有报名？难道是……"我连忙向他边招手，边说："成锦江，你进来。"当他走到我身边，我问道："这学期怎么没有报名参加机器人培训班？"他低着头，两只小手在不停地拨弄着衣角。在我的再三追问下，我终于知道，因为省赛没有比好，这孩子还在深深地自责中。我对孩子说："每个人都有失误的时候，不要因为一次失败，你就放弃了。你对机器人还有兴趣吗？"他点点头，我说："行，你从明天起就来上机器人兴趣班。"

　　2015新赛季如期而来，新的赛季新的希望。第一轮比赛中，成锦江是第一个上场。比赛一开始，他不慌不忙控制着机器人，没有忙于自己得分，而是把场内所有的得分物品打乱。我急着大喊："成锦江，在干吗？"然而，他照旧贯彻着自己的战术。比赛时间过半，对方的选手有点慌了。战况出现了转机，对方的机器人得分的速度慢了，而成锦江控制的机器人稳稳地将一个个得分物品投入指定的栏内。最后，他以大比分领先赢了对手。

　　赛后，他解释说："老师，我观察了对手的机器人机型，它一次能吸5个堆在一起的圈，效率高，但是我把得分物品打散了，它得一个个吸。所以，比赛一开始，我就把得分圈打散。"我高兴地说："不错，成锦江善于观察，有自己的想法。"刚说完，他补充说道："这种打法，只能对这种机型，对付其他机型我们还是得先得分。"那个赛季，就按照成锦江的战略战术，我们又一次获得了冠军。

　　这么多年的机器人培训，我之所以能一直坚持下来，不仅仅是因为拥有让我引以为傲的事业，还因为孩子们在学习机器人的课程中收获很多。孩子们无限的潜力让我永远在虚心的状态中教学，在孩子们成长进步的同时，我也在成长。我想说，孩子们，我们一起加油！

三、且思：前进的脚步

机器人社团在两位优秀教练的带领下，摸索前行，过关斩将，一路欢歌。同时也是收获与反思同在，成绩与感悟并行。在团队中，只有不断思考、动手、实践，才能组装好一台完美的设备。虽然有时很艰苦，但信念让我们不断前行，相信自己，就一定能成功。

成绩的取得得益于团队的共同协作，经过七年的教学，我们边摸索边提炼边总结，最终把讲义编纂成了校本教材《我们一起搭》，实现社团活动的课程化和教材化。

梦想是星空中那颗指路的明星，更是激励我们前行的蓬勃力量，2016，我们继续前行……

2. 千秋翰墨绽新蕾，十年书法育英才

云逸书法社

握一管羊毫，裁三尺素纸。

在这里，濡墨铺毫，挥洒自信。写出一分宁静，写出一分淡定，写出一分精彩。

图3-24 静心书写

在这里，从掌握基本的执笔和写字的姿势开始，到学习基本的点画、结字和谋篇布局，我们可以了解到中国书法的悠久历史，欣赏经典的佳作名篇，品味那些有趣的书法小故事，领略中国书法艺术的浩瀚和博大。

在这里，有学习书法多年的"老手"，也有刚刚拿起毛笔的"新人"。他们的作品或许不是尽善尽美的，但他们每一次认真地练习，真诚地书写，是值得大家为他们喝彩的。这里就是云逸书法社，让我们一起来走近他们吧！

我是四年级52班的陈语睿，文静乖巧的我特别喜欢书法，因为我发现，每次进行书法练习的时候，心就会慢慢地平静下来。在今年的湘潭县"艺术百佳"评选中，我获得了一等奖的好成绩，这让我更加坚信自己一定能够写得更好！

我是二年级62班的胡钰彬。虽然我今年才参加软笔书法的学习，但老师说我进步很快，别看我年纪小，对于书法，我也能说得头头是道了。在今年的湘潭县"艺术百佳"评选中，我获得了第一名的好成绩，这是我学习书法以来第一次获奖，真的非常高兴，以后我一定要更加努力地学习。

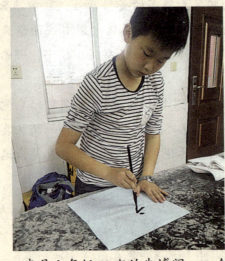

　　我是六年级40班的朱博闻，一个疯起来很热情，写字的时候却很安静的男孩子。可以说，我是练着书法长大的，在练习的过程中，我不但学习了书法的技巧，还懂得了许多做人的道理，更体会到了中华民族灿烂的传统文化。所以，我爱书法，我一定要坚持。

　　我是五年级48班的项俊杰。我是一个爱好广泛的男孩子，尤其喜欢美术和书法，老师说我对书法的感受能力很好，每次的作业都得到老师的表扬。我是一个活泼开朗的男孩，可是只要拿起笔，我就能无比的安静，这可能就是我那么喜欢书法的原因吧。虽然我学习的时间还不长，但在今年的"艺术百佳"评选中，却获得了一等奖的好成绩哦！

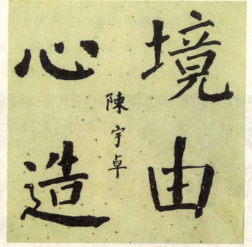

　　我是二年级65班的陈宇卓，我参加书法特长班学习的时间虽然不长，但我非常喜欢书法。在今年的湘潭县"艺术百佳"书法比赛中获得了二等奖。平时活泼好动的我，对书法却非常地迷恋。书法课上，我会对自己写的每一个字，每一个细节都进行精益求精地改进，所以进步飞速。书写时安静的我与平时活泼的我判若两人，如此动静皆宜的我，你喜欢吗？

　　在这里，与软软的毛笔博弈，让它驯服，是一件很快乐的事情。每一次进步，都会带给我们无尽的欣喜。

　　虽然，我们的作品还不完美，我们的笔触仍然稚嫩，在学习书法的道路上，我们还是蹒跚学步的婴儿，但在修炼自我、传承祖国优秀文化的征程中，我们已经坚定地迈开了第一步。

　　翰墨不欺人，有耕耘就会有收获。未来的书法家，在这里起步！

　　这，就是云逸书法社。

3. 如诗的脚步

舞蹈社团

　　在云小有一群这样的精灵，学校的每一个角落都是他们的舞台。他们舞姿轻盈，身轻似燕，身体软如云絮，双臂柔若无骨，步步如莲花般的舞姿，如花间飞舞的蝴蝶，如潺潺的流水，如深山中的明月，如小巷中的晨曦，如荷叶尖的圆露，让人如饮佳酿，醉得无法自抑。这就是云小的舞蹈社团。

图3-25 野火烧不尽，春风吹又生——民族舞班表演《小草》

学校舞蹈社团组建于2006年。成立之初，社团开设了民族舞蹈班，经过十年的不断努力，编排的舞蹈逐渐有了我们云小的风格和特色。其中编排的舞蹈《雏鹰展翅》获湘潭市第五届中小学艺术展演一等奖并被选送参加湘潭市首届少儿春晚演出；《童话里的芭比》获湘潭县第十四届中小学生艺术展演一等奖；《舞起幸福鼓》被选送参加湘潭市"六一"文艺汇演表演。历年来参加县"艺术百佳"比赛，我校选手均获一、二、三等奖，被江声特招的学生更是数不胜数。

2014年，一只只美丽的天鹅又在云小诞生——云龙小学芭蕾舞班。这里运用英国皇家舞蹈学院芭蕾舞国际教材，汇集了全世界各国的著名音乐，让社团里的孩子们充分体验国际先进舞蹈教育理念。两年来，芭蕾舞班已培养了许多优秀学生，向省、市、县各大中学输送了许多舞蹈特长人才。在2016年校园"六一"文艺汇演中芭蕾舞《和谐阳光》荣获一等奖，并得到家长的一致认同与好评。在近两年的市、县"艺术百佳"中所参演的芭蕾舞变奏《艾斯米拉达》先后荣获一、二等奖。

图3-26 芭蕾精灵张雯菁　　　　　图3-27 芭蕾舞班表演《和谐阳光》

　　2015年，我校为适应孩子们的需求，成立了拉丁舞社团。一年多时间里已经将近有60名学生，每周二、四两次固定时间开展社团活动——有热烈奔放、激情的桑巴；有轻松、热情、欢快的牛仔；有爱意缠绵抒情、柔媚浪漫的伦巴；有英姿飒爽、柔美多变的斗牛；有热情奔放、诙谐风趣、舞步花哨利落的恰恰恰；有愉快、活泼、有生机的牛仔……

图3-28 拉丁舞班师生共舞　　　　　图3-29 热情洋溢的恰恰恰

　　因为对舞蹈的热爱，孩子们来到这里，然而台上烟花般短短时间的美丽展示非一日之功。他们训练时认真的态度，劳累时咬牙坚持的毅力，以及对艺术品位的执着追求，都在潜移默化地影响着云小的孩子，进而演变为一种无形的精神力量。

最美瞬间：

图3-30 舞蹈社团精彩瞬间

小精灵的话：

心有多大，舞台就有多大！（郭晴）

我们是一群快乐的小精灵，是一个相亲相爱的大家庭，我们相信，在老师们的指导下，云小舞蹈团将会越来美好。（胡炜、彭靓欣、刘雨希、刘思蕴）

云小舞蹈团是一道靓丽的风景线，我们将带着阳光般灿烂的笑颜和钢铁般坚定的意志与决心，携手共进，迈向辉煌未来。（刘韵雅、周喆、徐媛、周洋婷、冯雨皙）

做生命的舞者，只要心在跳，演出就没有落幕。（肖依晨）

多姿的舞蹈就如同舞动多姿的人生！（陈可晗）

第四章 精英团队 师资为本

一、回首十年路，芬芳满园馨

在秀美的金霞山下，在迷人的涓水河边，闪耀着一颗璀璨的教育明珠。这里书香满园，这里绿荫遍地，这里是雏鹰展翅的高地，这里是梦想起飞的舞台。这，就是湘潭县云龙小学。

这里是爱岗敬业的家园。学校确立了"以人为本"的管理理念，始终加强师德师风建设，以"学高为师，身正为范"为准则，以提高教师思想政治素质、职业道德素质为重点，强化师德教育，提高师德水平，培养人民满意的教师队伍。学校教师团结务实，开拓进取，廉洁从教，不断更新教育思想和观念，在教育教学、学校管理等方面勇于探索和创新。每学期，学校都对教师进行师德培训，实施师德考核机制，要求教师走近家长、耐心沟通、热心互助、用心育人、关心学生，营造宽松和谐、相互关爱的校园环境。学校还举行"师德师风"演讲赛、"五四"青年教师才艺展演活动；开展"感动校园十大人物"和"最受学生和家长欢迎的教师"评选活动。学校通过家长、学生"双评"的方式，树立了大批爱岗敬业、爱生如子的优秀典型。学校严抓"廉教"，杜绝接受家长礼金礼物、请吃请喝等，坚决执行"师德一票否决制"，师德不行，职务、职称、考核将一票否决。

这里是书香浸润的校园。建校之初，学校就以建设"学习型校园"为目标，全力打造学习型、专家型的教师队伍。为了营造良好的学习氛围，学校开展了"书香进校园"活动，师生共同徜徉在书的海洋中，校园内处处飘溢着书香。教师每月阅读一本专业理论书籍，《给教师的100条建议》《细节决定教育成败》等专业书籍已成为每位教师的必读书目，要求每位教师共同写下自学心得，学校定期开展读书沙龙活动，使教师们在读书中成长。

学校还确立了"立足整体，均衡提升；立足常规，追求实效；立足长远，保障未来"的教师培养总思路，构建出"专家引路，同伴互助，自我反思"的三维培训空间。以"引进来，走出去，重实践，重总结"为主要培训方式，建立了互帮互学、师徒结对的教师培训框架和多样式、多渠道的培训平台，走出了一条强师魂、提师能、扶新手、育名师的特色之路。学校每年聘请科研院所人员来校开展校本培训，近两年学校派出参加各级各类培训学习的教师已逾200人次，学校在教师培训上的经费投入近60万元。教师回校后要进行学习汇报，每次教师的外出学习汇报都是一次全员参与的校本教研活动，有效地实现了学习资源的合理利用与共享。

这里是钻研奋进的学园。学校形成了四级教师培训体系，各部门分工明确、教师全员参与，使师资建设工作有一个较为完善的组织保障。学校还先后拟定了《湘潭县云龙小学四级教师评价方案》《湘潭县云龙小学"研究型"教师队伍建设方案》《湘潭县云龙小学骨干教师考核方案》《湘潭县云龙小学名师工作室建设方案》等方案，为教师队伍的成长规划出宏伟蓝图和实施措施，使师资队伍建设有目标、有步骤、有实效。各教研组、备课组每学期都开展小教研共同体活动。活动之初确立研究专题，然后通过"集中研讨——课例展示——专题讲座"的形式开展研究。根据教师群体年龄段的不同，建立了一套老、中、青教育发展成长架构，认真实施两大工程："青蓝工程"、"名师工程"。加速教师由"教书匠"向"研究型、学者型、专家型"教师的快速转变。学校成立了语文、数学、音乐、书法四个名师工作室，让优秀骨干教师引领带动一批青年教师迅速成长。学校还通过《四级教师评定》每年对老师们进行四级教师的考核，以此来促进达标型、研究型、专家型、首席型教师的成长。这些分层培养的方式方法，使学校师资培养既有阶梯式的发展目标，又有整体性的提升效果。

目前，学校有5个湖南省教育科学"十二五"规划课题、5个市级课题。现阶段，课题研究取得的成绩有：湖南省教育学会"十二五"教育科研规划课题"小学生资源环境教育研究"已成功结题，成果被评为湘潭市基础教育教学成果一等奖、湖南省教育科学研究成果一等奖，并已送往国家参评；湖南省教育科学"十一五"规划课题"小学

154

科学课程资源的开发与利用"之子课题"创造性使用湘教版小学科学教材研究"结题时被评为优秀课题；书法课题"书法课程对中小学生教育功能的挖掘与研究"结题成果被评为省一等奖；教育部全国教育科学规划课题子课题"多元评价对学生语文学习的促进作用研究"结题成果获得市、县专家好评，5位老师参加总课题组的现场上课、板书设计、课件脚本设计比赛，均获一等奖；湖南省教育学会立项课题"小学数学合作探究学习方法研究"成功结题；湖南省教育科学规划重点资助课题"两型课堂的实践研究"的子课题"小学语文阅读教学'两型课堂'教学模式及实施策略的研究"被评为优秀子课题，研究成果得到了专家的一致好评。学校的"两型学校"建设的经验也多次在省、市、县级平台上推广，学校被评为"湖南省两型示范单位"。学校组织全校师生、家长参加了湘潭市教育局举行的"两型童谣"创编比赛，有多位师生获一、二等奖。

这里是成就梦想的乐园。十年风雨岁月，无数园丁辛勤耕耘，云龙小学这棵教育之树已是根深叶茂、硕果累累。学校先后荣获一系列荣誉：全国"讲质量、守诚信"双十佳民办学校、全国语言文字规范化示范校、湖南省骨干民办校、湖南省教师培训基地校、湖南省两型示范单位、湖南省红领巾示范学校、湖南省文明卫生单位、湖南省现代教育技术实验校、湘潭市课改样板校、湘潭市校本研训示范校、湘潭市示范性学校等。学校被挂牌为"教育部'十一五'规划课题实验学校"、"湖南省'十二五'重点课题研究基地"，先后承担了国家级、省级、市级十余个课题的研究。近三年来，学校先后培养了市、县级骨干教师和学科带头人10人。100多位教师共计近400篇论文在国家、省、市、县级刊物上发表；教师参加教学竞赛获国家级一等奖10人、二等奖6人，市一等奖12人、二等奖2人。所有参加历届湘潭县"杏坛之星"赛课的老师都获得了一等奖，并有14人被评为县"杏坛之星"。语文教研组被评为省优秀教研组，科学、数学教研组被评为市、县优秀教研组。

云龙小学的发展，与十年积淀而成的深刻教育思想和丰厚的文化底蕴分不开，更是全体教职工秉承传统、兢兢业业、执着追求的结果。对于永恒的教育事业而言，十年，仅仅只是她青春的开始。云龙小学有追求，有豪情，更有思考：高瞻远瞩，勇立潮头，和谐共进，创一流名校，谱写一曲新的青春之歌！

二、氤氲书香

"问渠哪得清如许，为有源头活水来。"教育的事业是启迪人的智慧、促进人的发展的事业，而读书就是教育智慧畅流不息的源头活水。没有书籍滋养的心灵是干涸的，没有书籍为伴的教育更是灰白的。在浓郁的书香中，我们的日子变得温暖，我们的生命得以完整。

在书香中，我们逐渐懂得：教育，是一种"慢"的艺术。"慢"并不是指速度，而是一种态度、一种心态。

1. 阅读，给"慢孩子"打开一扇窗

读《给教师的100条建议》有感

陈惠

暑假期间，为了给自己充电，我拜读了苏霍姆林斯基撰写的《给教师的100条建议》。虽然不像读小说一样一气呵成，但读书时激动的心情不亚于读到一本精彩的小说。读完后，我有一种相见恨晚的感觉，为什么我不早点读到这本书呢？以前我并不愿意读教育教学类专著，总觉得这类书理论太深，太枯燥。现在读到手中的这本书，我才发现自己的观念有多么偏执、狭隘。苏霍姆林斯基在书中给中小学教师提了100条建议，每条建议都那么实在，那么吸引人。如"怎样使检查家庭作业成为学生有效的脑力劳动"、"谈谈如何做'后进生'的工作"、"阅读是对'学习困难'的学生进行智育的重要手段"等，从实践提炼理论，用理论指导实践，字字朴实无华，句句真知灼见，苏霍姆林斯基真不愧是伟大的教育家！

在我们的教书生涯中，你总会碰到这样一群孩子：他们理解和记住教材所花的时间要比普通学生多2~3倍，头一天学过的东西，第二天就忘，我把这类孩子称为"慢孩子"。这类学生也是我们工作中"最难啃的硬骨头"，怎样教好这些"慢孩子"呢？为了不让他们掉队，为了不放弃他们，老师们利用课余时间，一遍又

一遍地帮他们补习，结果依旧惨不忍睹，老师发火了，孩子更讨厌学习了。为什么会造成这样悲惨的结局呢？怎样才能有效地帮助这类孩子提高学习能力呢？于永正老师的一次讲座给了我极大的启发。一个小女孩语文成绩很差，读高年级了却写不出一篇像样的作文来，这个小女孩的家长想请于永正老师为孩子补习，于老师说："要我给她补习语文知识我不愿补，我可以推荐她看些课外书。"这些课外书在这个小女孩的身上发生了神奇的作用，她看得一发不可收拾，看得如痴如醉。不知不觉，她的语文成绩提上来了。当时我想：对"慢孩子"的转化单靠补习教材内容，那只是杯水车薪，只有激发这群孩子的阅读兴趣才能从根本上帮助他们提高学习能力。培训回来后，我兴致勃勃地做起了试验，我找来了我们班的几个"慢孩子"，对他们说："从今天起，你们每天在陈老师这儿看十分钟书，并且和老师交流你所看的内容。"这几个孩子极不自觉，总要派同学去叫才会来，效果可想而知。因为工作的忙碌我没有深层次地去思考，今天读到《给教师的100条建议》这本书，我终于找到了答案。

苏霍姆林斯基在书的"谈谈对'后进生'的工作"和"阅读是对'学习困难'的学生进行智育的重要手段"中给我指明了方向。苏霍姆林斯基在书本中提到："对这类学生最有效的手段就是扩大他们的阅读范围。""儿童的学习越困难，他在学习中遇到的似乎无法克服的障碍越多，他就应当更多地阅读。阅读能教给他思考，而思考会变成一种激发智力的刺激。书籍和由书籍激发起来的鲜活的思想，是防止死记硬背（这是使人智慧迟钝的大敌）的最强有力的手段。学生思考得越多，他在周围世界中看到不懂的东西越多，他对知识的感受性就越敏锐。而你，当教师的人，工作起来就越容易了。"到底该给孩子读什么样的书呢？我的脑海中又冒出了一个问题。特卡琴柯（一位优秀的数学老师）的做法又给了我启示。特卡琴柯老师从五年级教到十年级，他教的每一个年级都有一个绝妙的小图书馆，里面有不止100种书籍，这些书都是以鲜明的、引人入胜的形式来讲述他觉得的世界上最有趣的一门科学——数学。阅读的作用不仅在于阅读能使某些学生免于考试不及格，而且在于借助阅读发展了学生的智力。"学习困难的学生"读书越多，他的思考就越清晰，他的智慧力量就越强大。

这学期我对我们班的"慢学生"将改变辅导的方向，我会带他们读他们感兴趣的书，与学科教学有关联的有趣的书，教他们在阅读时学会提问，学会思考。虽然找到了辅导"慢学生"的方法，但具体的操作还有待我进一步研究和实践。虽然还有待实践研究，但我对以后的教学之路充满了信心！

2. 教育是"慢"的艺术

读《孩子，你慢慢来》有感

李锦

"长长的路，慢慢地走。"（《孩子，你慢慢来》）

龙应台的文字，万丈豪情，犀利略带批判。而在《孩子，你慢慢来》里流转的细腻与柔情是非常少见的，这文字，如水柔情，似火温情，其中不乏大智慧。

在卷首语中，龙应台写道："我，坐在斜阳浅照的台阶上，望着这个眼睛清亮的小孩专心地做一件事。是的，我愿意等上一辈子的时间，让他从从容容地把这个蝴蝶结扎好，用他五岁的手指。孩子慢慢来，慢慢来。"她面对幼稚而脆弱的生命，不忍催促，静待花开，这是人伦，也是常识。所有的育儿书都告诉我们一个事实，在孩子的慢慢成长过程中，必然会出现众多让你无可奈何的事情，我们必须去忍耐和理解。然而，人的定力是有限的，我们总是忍不住将自己的孩子去和别人进行对比，我们希望自己的孩子优秀，希望自己的孩子有出乎意料的进步，我们无法忍受孩子有任何形式上的退步。在我们的潜意识里，我们把自己对生活的一种基本的理解和期待全部强加在孩子身上，我们希望孩子优秀并强大。可是，我们却忘记了，孩子才是自己人生的主宰者。

作为教师，也是如此。我总是催促着我的学生快快成长，在学习上能尽快有所成就，无法忍受学生任何形式的退步。总觉得孩子就应该一天比一天懂事，一天比一天优秀，总是苦闷于：为什么经过这么长时间的教育，孩子的学习习惯还是没有培养起来？为什么总有几个孩子上课无法集中注意力？为什么那几个孩子的成绩总是上不去？有时甚至感到气愤，在几个孩子身上花了那么多时间和精力，学习为什么还是不尽如人意？很多次问自己，为什么和孩子一起长久的努力还是没有成效？孩子很努力，家长也十分关注孩子的学习情况，可是，孩子在学习上总是表现得不尽如人意。正在我们苦恼时，我们惊奇地发现，在"六一"儿童节文艺汇演中，这些孩子有的能吹出美妙动听的曲子；有的在舞蹈节目中神采奕奕；有的在话剧表演中绘声绘色……原来他们这么优秀！舞台上的他们充满着光环，那是一种自信的光环，幸福的光环，我恍然大悟：其实，孩子恰似植物一般，生长各异，有时令之分，有冷暖之分，有快慢之分，教育并不是一场比赛，人生也不是。作为老师，耐心一点，给孩子多一点时间成长与学习，静心等待，每一块金子慢慢闪光。教育，是"慢"的艺术。

我们经常对自己说："没事，凡事慢慢来，细细做。"可是我们很少对孩子说："孩子，你慢慢来。"作为教师，作为家长，我们经常催促孩子，做作业快点，做习题快点，吃饭快点，起床快点，这样快节奏的生活和学习，让孩子很难适应。我们当然知道，在孩子的世界里，快和慢不是唯一的衡量标准，而快乐学习才是最为关键的。我们应该尊重孩子的成长速度，正如龙应台在文章中提到，她愿意用一辈子的时间去等待那个男孩将蝴蝶结扎好。

这一条长长的细细的成长之路，一切都要慢慢来。孩子你慢慢来，体格与内心才能不断茁壮与强大。

3. 在黑暗中涅槃

在书香中，我们的生命逐渐柔软，学习慈悲地面对生活的艰辛磨难，最终实现人生的涅槃。

读《人民教育》有感

谭牡

拿起书架上的《人民教育》，封面上一位满面笑容，气质优雅的女性吸引了我，尤其是那副金丝眼镜后面的双眸看起来明亮而有光泽，让人难以相信，她竟然是一位盲人——杨佳，被称为"中国的软实力"女性！

马上翻开书本，细细地品读起来。她15岁上大学，19岁留校当教师，24岁成为中科院最年轻的讲师，但在29岁时不幸失明。她的经历，就像坐过山车：时而到达顶点，时而坠入低谷，潮起潮落。29岁之前，她的生活充满着阳光和欢乐，她从来没有想过，命运会跟她开个这样的玩笑，因为眼睛的失明，丈夫离开了她，并带走了女儿。面对残酷的现实，她一度对生活失去了希望，就像一叶小舟从巅峰跌入了谷底。

多少个分不清白天和黑夜的日子，都在难言的沉默和痛苦之中过去了，终于，杨佳选择了坚强。生性刚强的她再也无法忍受自己让父母照顾，她再也不愿白白浪费时光，她像个婴儿般从头学穿衣，学吃饭，学走路。付出比别人多几倍的心血和汗水，终于重返讲台教博士生。每天清晨8点，杨佳会准时微笑着迎接她的学生，然而，他们不会知道，为了不迟到，杨佳6点就在赶路了。作为我国第一位在高等学府任职的盲人教授，为了达到完美的教学效果，杨佳克服了常人难以想象的困难。此后，杨佳为了完成自己的心愿，又开始尝试新的电脑语音软件，她再接再厉，昼夜艰辛，最终出版多部专著。杨佳终于找回了自信，看到了光明，暴风雨过后的荣誉接踵而来。

进入新世纪，杨佳所在的中科院提出了创"国际知名，亚洲一流"的发展目标，为了使自己的教学进一步与国际接轨，她又以全额奖学金的形式考入美国哈佛大学，攻读世界排名第一的公共管理专业的硕士学位。在那里，她比别人付出了更多的汗水，身体健全的同学都叫苦不迭，对杨佳来说，就更难了。通宵达旦地读书，一年下来，她不仅完成了所有学科，而且超出学校规

160

定，比其他同学多学了三门课，同时伴随她的，还有她的皱纹和白发。在毕业典礼上，她被院长夸赞："你是中国的软实力！"

杨佳的事例，还有太多太多。最喜欢她说的一段话，摘录下来和大家共勉："一个人应该有追求、有实力，而实力得靠自己一点一滴做起。失明将我的人生一分为二，29 岁之前，我是在超越别人；29 岁之后，我超越自我。一个人可以看不见，但不能没有见地；可以没有视野，但不能没有眼界；可以看不见道路，但绝不能停止前进的脚步。100 次摔倒，可以 101 次站起来！感谢命运，让我知难而进，一步一个脚印走出家门、走出国门、走向世界。我还会战胜昨天、超越今天，迎接阳光灿烂的明天。"

读完此文后，我的眼眶不禁湿润，为其不屈不挠的精神所感动，为其奋斗拼搏的勇气所折服，更被她与命运作斗争的勇气所感染。和她比起来，我们现在的生活是多么的幸福，珍惜眼前吧！任何人的成长之路都不是一帆风顺的，只要有顽强拼搏的斗志和自强不息的精神在，志存高远的人必定能克服重重艰难险阻，实现心中的理想。

4. 因为孩子，教育更美

在书香中，我们理解了：生命只有一次，童年不会再来。像谭璨老师所言：因为孩子，教育更美。

读《清华附小的德育细节》有感

谭璨

寒假的时候，在闺蜜家中与她交流之时，发现桌上有一本书，书中一个个看似平凡的教育案例，带给我的却是不同的感动，不同的思考，同时也让我领略了清华附小的老师们在教育中的智慧和艺术。这让喜欢孩子们的我、时有困惑的我如获至宝。这就是窦桂梅老师主编的"大厦书系"中的一本——《清华附小的德育细节》。

"在每一个人心中，都睡着一个美好的自我。在唤醒向上自我的同时，用我们的童心，我们的智慧，去理解、欣赏每一颗幼小的心灵，去鼓励他们将最美好的自己尽情地舒展开来，去唤醒他们心中沉睡美好的自我……"

这本教育案例集讲述的是一个个教学相长的故事。

《把握好评价的尺度》这个案例讲到，科学课上观察泥鳅，有的孩子说是黑色的，有的说游起来很快，有的说看起来它身上很滑。突然一个男孩子站起来说："我看见泥鳅放屁了。"前几个孩子按照老师的要求去做了，理所当然地应当受到表扬，而最后一个孩子，就应该受批评吗？他的回答的确有点"俗"，似乎违反了课堂的"儒雅"规定，课堂上怎么能说"放屁"呢？可是老师课后问了这个孩子，他说，在观察时，他发现泥鳅的尾部确实冒出了气泡，他猜想这条泥鳅放屁了。多么深入的观察啊！什么是"观察"？是"看"后再加上"思考"，才组成了"观""察"。这个孩子如此深入地观察，理应受到表扬啊！

评价学生也是一门艺术。把握好评价的尺度，教育才会传达出更多的正能量。诸如此类的教育教学案例，清华附小的每一个老师都用心地记录着，将原生态教育生活一一呈现出来，并竭力分析，客观解剖。这种鞭策自己，在反思中前进，与同仁分享的做法，也是值得我们学习和借鉴的。

"一个孩子，一个世界。欣赏学生不是一个口号，而是一种承诺，更是德育智慧坚韧度的考验。作为一名教育者，我们要用细腻发现学生，用细致滋润学生成长中的每一个细节。"

小学教育是为学生发展奠定基础的事业。因此，我们心中必须坚守这样一个信念：孩子很小的时候，给他们扎根，唤醒他们；等他们长大，给他们翅膀，让他们翱翔。教育需要打磨。这些教育案例就是附小老师们的一个个追问：追问自己的教学习惯，拷问自己的心灵，剖析那些令人印象深刻的教育事件。附小老师们与读者分享这些德育细节，实际上就是试图与读者一起分享教育的美妙过程，努力让更多的人理解：教育其实并不神秘，最重要的是要有大爱；教育是一门精致的艺术，它影响纯真的心灵，容不得丝毫的闪失、掺假和粗暴；教育是"枯燥"的事业，它需要极大的耐心和不断的创造。

我们常说："生命只有一次，童年不会再来。"每天，我们都要面对一个个鲜活的生命，一个个性格迥异的孩子。在我们平时的教育教学中，我们或多或少都会被一些"窗边的小豆豆"所困惑。欣赏和赞美表现优秀的学生似乎都容易做到，而欣赏那些暂时"不优秀"的孩子则需要教育的智慧和勇气。那些表现不好、情况特殊的孩子更需要我们付出爱，哪怕呕心沥血。接纳每一个孩子，以及他们提出的各种稀奇古怪的问题吧！教师一句鼓励的话语，一个简单的爱抚动作，一个激励的眼神，一个不落痕迹的暗示都会给他们留下刻骨铭心的记忆，都会在他们心目中荡起阵阵涟漪。

"教育需要榜样，榜样是教育的正能量。有了榜样，孩子们就有了奋斗的方向；有了榜样，孩子们就有了前进的力量。寒风中站立的天使，用榜样的力量教育了自己，激励了自己，也成就了自己。"

《寒风中站立的天使》这个案例讲述的就是一个榜样的故事。在一个极冷的冬天，老师用相机记录了一个"来自星星的孩子"（患有轻度自闭症）在周一学校升旗仪式上的表现，用"现场回放"的办法教育了全班孩子学会坚持，最终全班孩子得到了体育老师的表扬。老师在文章最后写道："在寒风中站立的天使啊，你们也是我的榜样，指引我们不断前进！"其实我也很想对清华附小的老师们说："你们的细致、用心也为我们树立了榜样，我们有什么理由不奋力前行！"

在我们云龙小学，每一位老师都是丰富的教育资源，每一位老师都有值得我学习的地方，我们身边也有榜样的力量。我曾经拜读过陈颖玉、陈惠、李超利等老师的教育故事，一个个故事虽然平凡，但又触及灵魂。是的，教育的道路上有你，有我，让我们坚信自己可以做得更好，努力"将每一次事故都改写成故事"，脚踏实地地走好每一步，完善好每一个细节，及时记录下这些教育点滴，书写属于云小的德育细节。

作为老师，一群行走在教育理想征途中的旅人，我们没有理由不为之惊叹，沿途美妙的风景将会定格在我们心中。教育需要昂首阔步，一往直前，也需要战战兢兢，如履薄冰。教育的道路上有你，有我，坚信自己可以做得更好，脚踏实地地走好每一步、做好每一个细节，一定会提升自己。让我们相信：爱可以创造一切奇迹！

三、执着的信仰

对教育的执着追求，如同天际的北极星，点亮我们的灵魂；如同小小的指南针，指引我们奋斗的方向。漫步人生路，唯有执着于爱的教育，才会有彼岸花开的欣愉欢悦，才会有缤纷梦想的飞翔。

1. 年轻的翅膀想飞翔

青年教师成长感悟

周晓璐

"小时候，我以为你很美丽，领着一群小鸟飞来飞去；小时候，我以为你很神气，说上一句话来惊天动地。"这首歌一直陪伴着我度过了我的童年，那时的我就仰慕神圣的教师职业，希望成为歌中那美丽的角色。可命运弄人，大学毕业后，我成为了一名大家口中的"南漂族"，我曾尽情地呼吸过沿海城市的气息，也曾赚了很多钱，可是我不快乐，经过一段时间的思考，猛然发现那不是我的梦想。非常幸运的是，2014年我有了这么一次珍贵的机会。我荣幸地成为了云龙小学的一名美术教师。

在云小的这两年来，激情与梦想一直伴随着我。我还非常清楚地记得人生第一次上公开课的情形，那是给一年级59班上"手型添画"课。看到教室后面很多老师听课，真的非常紧张，怕出错，李超利老师安抚我说没事的，开始上课就不会紧张了。一上课，为了让我和孩子更快地进入上课状态，我便先跟他们玩了一个游戏，我在黑板上画了一个大大的圆，让学生猜猜老师要画什么。"画太阳。"我笑了笑继续在圆上添画了两只眼睛。"画人。"我又在眼睛下画了嘴和胡须。"是小猫，小猫。"学生大声说。我微笑着在圆上又添画了两只长长的耳朵。"哦，是小白兔！"学生们简直要跳起来。他们的好奇、激动与快乐像许多爆炸的气球，在教室里噼里啪啦地响起来，在我的启发下，大家迫不及待地拿起笔，画出了许多出人意料的好作品，让我我感叹又欣慰，感叹的是教师涉及广泛的知识，对教学真的十分重要！欣慰的是我能把自己的知识准确地传授给每一个孩子。嗯，这应该就是我要的生活了吧。

　　但那时总有不和谐的音符伴随着我，一开始课上得并不好，手忙脚乱地备课，还跑错教室。那段时间里，我真的很沮丧，很悲观，我总是问自己，难道我不适合当老师？我的茫然、无助被谢校长察觉，她找我促膝长谈，告诉我要我时刻保持"空杯"心态，多去学习前人的经验。一语惊醒梦中人，我记住了这句话，也实践着这句话，并得到了很多人的帮助。同事们伸出了友爱之手，师傅帮我看教案，指点我的课堂。在云小的每个日子里，"新课标"、"名师课堂实录"成了我的必修课。我想方设法去学习美术教育理论和技法，为了提高自己的专业和理论水平，我有意识地去寻找各种与美术有关的书籍来阅读，还琢磨在网上找不同风格的美术教案，希望能增强自己在教法上的灵活性和独特性；也经常和学生们一起讨论，看看他们喜欢哪种学习方法。

165

　　功夫不负有心人，我的课上得越来越好，内容也越来越丰富。在美术课堂里，我又多了一份自信和幸福。当学生参加各种美术比赛取得了好成绩时，我比他们还要开心。上课时，我与孩子们一同设计"云小龙"形象，他们丰富的想象力给云小龙的形象注入了许多风趣的因子。我们一起剪纸做手工，看到孩子们的作品一次比一次成熟而且越来越富有灵动感，我由衷地觉得我选择了一份多么可贵的职业。每当特长班的孩子作品有所进步，或者得到家长的肯定，都会让我更加坚信自己选择了一份多么有幸福感的职业，让我生命的存在有了更高尚的意义。

　　这么多年来，我一直没动摇过自己的梦想，现在终于站上了我心仪已久的美术讲台。我很幸运能与孩子们朝夕相处，一同遥看黎明的曙光，一同吻落雨后的彩霞，一同踩踏青青的校园，一同拾撷满野的芬芳，一同插上想象的翅膀，勾勒五彩的童年……

鸟儿不停止飞翔，是因为想飞向更美的蓝天，年轻的我们不停止飞翔，是因为想和孩子们一起描绘美妙的童年，感谢云小为我们这些青年教师提供了广阔的天空，让我们飞上蓝天，在这宽阔的舞台上，尽情飞舞！

回味所有过往，我们会发现，支撑每一个师者的力量，可能源自那一次次与孩子们一同遥看黎明的曙光，一同吻落雨后的彩霞，一同踩踏青青的校园，一同拾撷满野的芬芳，一同插上想象的翅膀，勾勒五彩的童年……

2. 寻梦，在云小

青年教师成长感悟
肖敏

人们常说，没有梦想的人生是乏味的；没有追求的事业是无奈的。时光荏苒，转眼间我已经在这个讲台上三年了。刚到云小时我那股青春的朝气，站在学生面前时那种难以掩饰的腼腆，如今已经被成熟和干练所替代，但如火的热情，积极的态度却始终如一。三年的时光让我对教师这个神圣的职业有了最本质的了解。当我面对七十多个活泼好动的孩子，面对他们的求知若渴，面对他们的嬉笑打闹和古灵精怪时，我知道，我的梦想才刚刚开始。

在教育战线上，我是一名新兵。刚踏上工作岗位时，我也曾质疑自己的选择，这就是我梦寐以求的职业？理想和现实的差距太大，太多迷茫，太多疑问，太多焦虑，曾让我有一丝退却，但是在这短短几年中，我目睹了太多太多敬业与奉献的忙碌身影，聆听了太多太多的感人事迹。我的师傅谭牡老师在工作上精益求精，不让一个孩子掉队，她悉心地指导着我的每一次教学，看着我一步步成长。我的搭档谭浪老师因声带小结刚做完手术，看着那一双双求知的眼睛，继续不辞辛苦地和孩子们一遍又一遍地讲述着知识重点。周亚琼老师，身怀六甲，但挺着个大肚子的她仍然坚守在毕业班的工作岗位上，一心扑在教育教学上，从来没有因为自己是个孕妇而耽误孩子们的一节课，学校的每一项工作，她都认认真真地完成。即将面临生产了，她挂念着孩子们的升学，仍在周日赶到学校给孩子们上了四节作文课。当天，她的宝贝就呱呱落地了。知道消息的我们，一个个唏嘘不已。是怎样的热爱，才让周老师如此执着地坚守在教育岗位上啊？她是一个伟大的妈妈，更是一位无私的老师！……在云小，每一个老师都埋头苦干着，都在小步奔跑着。一幕幕动人的场景，一段段真挚的师生情，让我不再彷徨，让我勇敢地走进孩子们的世界，也让我深深地爱上了这份职业。我发现，我的梦想已经扬帆起航。

　　我的梦想，就是让每一朵小花都绽放出自己的光彩，教育的征途中，肯定充满着酸甜苦辣。每一位教师的心里，都有一本说不完的故事书，每一个孩子都是活泼可爱的天使，可他们也有特别淘气的时候，偶尔还给我制造一些小麻烦，让我爱恨交加，但是当我出现在孩子们的画笔下，出现在他们感人的作文中，当孩子们亲热地称呼我为"妈妈"时，所有的疲惫，所有的委屈都立刻烟消云散。每一个节日他们会害羞地给我塞上一封信，送上一份祝福；面对可口的蛋糕时他们还想着第一份蛋糕要留给我；每次我生日时，他们会突然出现对我大声说"生日快乐"。孩子们就是这样，简单的话语，小小的举动让我们如沐春风，备受感动，就是这份感动，更加坚定了我的教书育人梦。

　　一根火柴的力量是微不足道的，但它可以点燃一堆熊熊烈火。一名教师的梦想是简单质朴的，但却可以唤起无数学子渴求知识的激情。未来的路还很长很长，但无论我们遇到什么样的困难，只要我们一如既往地用爱心去浇灌每一个学生的心灵，在孩子的心中留下爱的足迹，我坚信：我们的青春没有浪费，我们的爱心没有白费！而我们的梦想也一定会欣然绽放！

3. 做一名麦田守望者

　　那就让我们一起在淡然时光，静好岁月里，一笔一画写下自己的追求，努力成为麦田守望风景的人。

青年教师成长感悟
宁静

　　十年前的某个下午，阳光穿过茂密的枝丫落在课桌上，斑驳的光点跳跃在红色卡纸上，时光淡然，岁月静好。我一笔一画写下自己的志愿——体育教育。此后多年，我一直为这个类似于麦田守望者的职业努力奋斗。2011年，23岁的我来到云龙小学，而今，已是第五个年头了，我的麦田已经有了第一季的成熟与收获。我总是想，我是多么幸运，置身在孩子们最美好、最清澈、最纯真的年华里，经历着世界上最动人、最温暖、最幸福的成长。我总是想，我是多么幸运，置身在云小这样的大家庭里，感受着同事们最团结、最青春、充满正能量的洗礼。

一、我与学生

许多人都说，教师只有平凡、只有寂寞，没有灿烂、没有辉煌。然而我自豪，因为我是一名教师，我从事着太阳底下最光辉的职业，我感受着来自孩子们最纯真的爱与感动。

2011年教师节那天，一进教室，所有同学齐声说："宁老师节日快乐！"顿时，我被这个集体的祝福感动了，当孩子们拿着工整的作业、可爱漂亮的图画、制作精致的手工递给我，说"送给你，宁老师"时，我哽咽了。这教师生涯中的第一个教师节让我感动。感动有这样一群可爱的孩子，感动孩子们那份纯真的爱，也让我更加坚定自己的选择，教师原来如此的幸福。

2014年，"六一"文艺汇演表演在即，我们组织排练的舞龙节目还没有成型，我抓紧时间排练着，但是由于龙身很重，而龙头更重，很难舞动起来，对举龙头的人要求很高。在排练过程中，同学们丝毫没有懈怠，当看到举龙头的谢宇涵同学舞动的动作变形时，我追问其原因，才知道他的双手虎口处全部破皮，疼得不好使力。看着那白嫩的皮肤被磨出红红的肉，我的心被触动了，多么勇敢，多么坚强的孩子，感动与酸楚一齐涌上心头。孩子们的那份执着，那份努力，就是我奋斗的动力，是他们让我更加执着地留在这片麦田里耕耘。

二、我与团队

有句话是这么说的："成功靠自己，完美靠合作。"我生活在这个完美的团队里，享受着来自团队的正能量，是多么的幸运。

记得刚来云小的时候，体育组只有我一个女教师，每到夏天，在炎炎烈日下上体育课，真的让我胆怯，然而体育组的男老师都主动让出阴凉的场地给我上课，让我十分感动，我为自己在这样的团队奋斗而感到幸福。

金秋体育节是体育组每年最重要的活动之一，前期的准备工作多而繁琐，而最大的事情就是开幕式节目的排练。今年的旗操，我们顶着中午的炎炎烈日在操场排练，体育组的每个成员都按时到场，我们分工合作，我站在主席台上负责动作的排练，几个男老师在烈日下负责组织学生，一个个都晒得又红又黑，就连负责国学操排练的李老师和何老师也来帮忙。我顿时感到我真的不是一个人在排练，我不是一个人在战斗，我有一个团队，一个富有战斗力、凝聚力的团队。五年来，旗操、啦啦操、团体操、乒乓球操，每次排练开幕式节目都是如此，我感动于有这样一个团结奋进的团队，我感动于团队的每个人都相互关心。我愿意在这样的团队里一直奋斗、学习下去，我更愿意在云小的麦田里去奉献自己的一丝绵薄之力。

三、我与学校

初来云小，我被这个拥有优美校园环境的学校吸引了，心里暗暗在想，要是我能够在这样美丽的学校教书那该是多么美好的事情啊！后来，真的如愿以偿了，在这里学习、生活、工作，在这里感受着大家庭的温暖。业务学习、集体备课、读书沙龙、研讨课等，学校给我们提供了许许多多学习的机会，给我们展示的舞台，让我们的羽翼不断丰满、强壮。能够在这样充满正能量的学校工作、学习，我越发有安全感，因为我的不断成长让自己不会被时代所淘汰，我可以尽快缩短与名师的差距。

今天的我，备感幸福，备感幸运。今后的我，将坚守在教师的岗位上，不管是历久弥新的过去，还是遥不可及的未来，我所能想象的，依然是与孩子们相伴而行，与队友们团结奋进，此生不悔！

四、前行的明灯

工欲善其事，必先利其器。为了在教育的天空里更挥洒自如，老师们在各类培训中，开始了与知名专家、特级教师零距离的交流。我们呼吸着教育的新鲜空气，启迪着自己的思想与智慧，也为学校的教育注入了新的活力。

想起在聆听教授们的讲座后，我们内心掀起的微澜：原来，做教师也可以这么幸福；原来，幸福就在我身边……

1. 原来，幸福就在身边

观陶继新《做一个幸福的教师》有感

谭浪

从教十二年，日复一日的琐碎工作难免让我时不时地生出一些职业倦怠感。总觉得自己作为一名一线小学教师，劳心劳力，有些辛苦。可在炎炎夏日里聆听了陶继新教授主题为"做一个幸福的教师"的讲座后，犹如夏日里吹来的一阵凉风，抚平了我的躁动和不安，也在我的心里掀起了一阵微澜：原来，做教师也可以这么幸福；原来，幸福就在我身边……

"人格高尚、心灵和谐、充满自信、发展自身"，这是陶教授提出的幸福教师的几要素。而最打动我的，莫过于"发展自身"这个方面了。讲座中，陶教授告诉我们：读书的方向要"取法乎上"，诵读的内容要选择"经典中的经典"，要"疏离浮躁"、"淡泊名利"，"让读书成为生命成长的双翼"，做到"人格高尚"、"心灵和谐"、"持续发展"。陶老师豁达的心态、乐观的精神、丰富的文化底蕴，深深地感染着我。生活是美好的，工作是充实的，让我们一起努力做一个幸福的人，做一个幸福的教师。

那么，怎样做一个幸福的教师呢？陶教授的讲座启发了我：

一、心中有梦

人生如梦，有梦的人生才是幸福且充实的人生，才是快乐的人生。对于心中有梦的幸福教师来说，教育不是牺牲，而是享受；教育不是重复，而是创造；教育不是谋生的手段，而是生活本身。聆听花开的声音，颗颗饱满、粒粒归仓、桃李满天下——这，是我心中的梦。

二、身上有情

人非草木，孰能无情？一个幸福的教师，必然拥有亲情、友情、爱情，是一个感情上的富翁。

在教育引领班级学生前进的过程中，幸福的教师都会以海洋般深沉宽广的爱去拥抱每个孩子，让他们在爱的洗礼中长成大树，长成栋梁，并且懂得以爱去回报社会，回报生活。

三、手中有书

有人说，书籍是女性最好的美容品。读书会让枯燥的生活变得有意义，会让工作充满活力，会丰富我们的精神世界，让我们的心灵永远保持纯净、浪漫、激情……

四、工作有心

"爱可以创造一切奇迹。"幸福的教师，要有一颗认真细致的心，还要有一颗博大宽容的心，能够成为孩子的良师益友，要学会赏识孩子，坚信"好孩子是夸出来的！"

五、生活有色

一个幸福的教师绝不能把工作当作生活的全部，更不是唯一。"不会休息的人就不会工作"，除了教书育人，我们应当还有别的享受，这才构成完整的幸福。

试看陶教授的生活四部曲——锻炼、读书、采写、讲课，实乃有声有色、有滋有味的教育人生！

陶教授把教师的教育分为三个层次：职业、事业、志业。当我们把教书育人变成一种事业、志业而非职业的时候，我们会感觉到幸福如午后的阳光，温暖而宁静。

原来，幸福就在身边……

2. 召唤幸福

教师应拥有阳光心态

徐婕

幸福是什么呢？幸福是一种态度，来自我们面对生活、工作的态度。在人生道路上，每个境遇都会给我们两种心态（积极和消极），正是我们选择应对的方式决定了我们的感受。

——题记

每次假期培训都是我面对"教育"这份神圣的职业的一次思想洗礼。一年、两年……许多年过去了，我也发现自己在不断蜕变。又迎来了假期培训，第一天我们有幸聆听了陶继新教授的讲座。在倾听的过程中，"职业幸福感"这一名词深深地嵌入了我的脑海中，做一个幸福的教师，幸福到底是什么呢？我幸福吗？

在物欲横流的世界里，教师虽有较为洁净的心境，但也终究难以脱俗。在平凡的生活中，我们也要关心柴米油盐，也有心力交瘁的时候。照这样看，我们能拥有幸福吗？

聆听着陶教授的教导，我的心豁然开朗，就如春风滋润了我的内心，让我对教育工作更加爱恋。他那温柔的语气、那风趣的话语一直在我的耳旁萦绕，使我明白了要当好一名优秀的教师必须有高尚的人格，纯洁的心灵，还应充满自信，不断发展自己。陶教授也分别举了生动的实例阐述了这些观点，如孔子的教育故事、比尔·盖茨的遗嘱、罗斯福家中失窃后的感谢信、美国斯坦福大学生物课的情绪实验、胡达·克鲁斯老太太95岁高龄登上日本富士山的故事、年度最佳e-mail等，种种都让我印象深刻，受益无穷。

其实陶教授的观点都是基于良好的心态。"你我处于压力之下，生活就是压力。"作为教师有着一定的压力，就看我们怎样面对，其实压力也是一种幸福，教育教学工作给我们带来的痛苦与快乐，成就与失败，都是幸福。关键在于我们怎么看，态度决定一切，积极平和的阳光心态决定幸福。

在高强度的教育工作中，我们教师易显浮躁，我们总是抱怨幸福太少，苦难太多，愤愤不平于别人的成就、成功，嫉妒别人的悠闲自在……与其在怨天尤人中蹉跎人生，不如努力付诸行动。正如荀子所言："吾尝终日而思矣，不如须臾之所学也；吾尝跂而望矣，不如登高之博见也。"希望是美好的，而现实是残酷的。如果残酷的现实来临了，逃避也为时过晚，我们何不去接受，积极面对呢？我们应该让自己变得快乐，活得精彩一点。

在教育事业上，我们要树立自己的教育理想，有了教育目标，我们的教育人生就不会觉得茫然无措了。我非常赞同陶继新教授的观点：做幸福的教师，要有一颗平和的心态，这样也就能时刻保持愉快的心情，郁闷的事情也就会变得微不足道了。

作为教师，我们要有一颗健康的平常心，要相信有心的地方就会有发现；有发现的地方就会有欣赏；有欣赏的地方就会有爱；有爱的地方就会有幸福！

我看到了"幸福"在向我招手。我想我现在要做的就是以阳光心态迎接我的孩子们归来，一同去迎接属于我们的幸福！

3. 引领专业成长，彰显学识内涵

想起与同伴们交流研讨的日子，填满了充实，张扬着快乐。那就是我们教育的生命在逐渐饱满的过程。

2011年下学期暑假学习心得

马意

经过五天的培训学习，感觉自己在教师专业成长之路上又到了一个新的境界，得到了进一步的提升。像一个车轮又充足了气，又有了飞驰的决心、信心和勇气。在这五天的学习中，有网上视频的学习，也聆听了专家的讲座，还有教研组组内的讨论。五天里，让我学习到的不仅是作为教师应该具备的素质和道德品质以及专业修养，更让我受到了专家们丰富学识和涵养的深刻影响。我想这样的影响不仅影响我的教学生涯，甚至是整个人生。同时，这短短的五天的学习，也只是对自己以后的学习的一个指引，为以后自己在专业成长方面无数个五天的学习提纲挈领。

回顾这几天的学习内容，虽有不同的收获，但有一点是共同的，那就是作为一名教师，提高自身素质是必要的，也是现代教育的发展所必然要求的。

首先说说我学习教师仪表的心得。教师，为人师表，既要给学生传授知识，一言一行又都是学生的楷模。教师要言传身教，除了教书育人，仪表也很重要。教师在工作岗位上注意仪表，一方面是自己的修养问题，另一方面是社会的要求。我们作为一名教师，重视仪表是为了给学生留下良好的印象，做到表里如一，使学生容易接受我们，同时教师在课堂上形象的得体，既表示着学校管理的规范，也体现着我们自身的修养，又意味着对学生的尊重。对于云小这所高规格、高标准的学校来说，我认为教师仪

表显得尤为重要。

　　让我感受深刻的是李再湘教授关于书法研究的讲座。李教授结合他自身的成长经历与感悟，风趣地为我们讲述了他的成长故事和奋斗经历。在李教授每天更新的博客中，我欣赏到了他的书法作品，虽然我不懂书法，但是我依然能感受到的是他潜心研究的毅力。一个真正的学者，绝不局限于某一个领域的研究，像李教授在数学教学、文学创作、书法研究、教育科研等方面都是我们湖南教育界顶礼膜拜的偶像。我终于知道，也许一个人的成功来自于他在某一个领域钻研的深度，但他所涉及的广度更是他的魅力所在。就像一个会唱歌的明星有人崇拜，但一个既会唱歌又会演戏还会做慈善的明星一定更有光环。李再湘教授，有眼光、有思想、有智慧和敬业精神，这是李教授给我的深刻印象，相信与智者的交流能更让我有勇气前行。

　　再次，长郡中学的胡志辉主任以及周校长的报告都从校本研训的角度谈了学科教学的理论与实践问题。如果说前面两个专家是对教师个人素质领域的探讨，那么这两个专家就是从教师专业化成长角度来谈的。虽然，理论性较强，但科学性和可操作性是毋庸置疑的。在校本研训的新形势下，我更要多反思自己的课堂教学，主要以听课、学习为主，向朱校长、李主任等我校语文教学的"领头雁"请教并与组内教师进行探讨、研究，寻找教学中的得与失，反思自己的不足与差距，有效地解决课堂教学中存在的问题，从而不断更新观念，改进教学方法，提升专业水平。以校为本的校本研训既是学校、学生发展的要求，也是我们教师发展的要求，学校进行校本研训，给我们创造了学习和探讨的机会，也为我们的发展奠定了扎实的基础。

　　最后，我要说的是另一位充满睿智和丰富学识的专家，听他讲述有效课堂教学方法，听他介绍多年以来积累的教学经验，听他阐述对教育的独到见解，我深深地为他折服。他就是刘建琼教授。他的讲座赢得了全体教师热烈的掌声，同时涌动的是心底深深的震撼。刘教授虽是第二次来讲座，但遗憾的是我还是第一次聆听学习；可我又是幸运的，因为能够聆听到这样一位智者、学者、大师的教诲，哪怕只是一次。刘教授的讲座涉及的领域有教育教学，有中西文化，有政治经济，等等，与他交流，就是欣赏一次世界文化的盛会。正因为这样，他站在主席台前面侃侃而谈，洋溢的是他奔放的热情、自信，流淌的是他对教育的情怀，展现的是我们不可企及的睿智和博学。我清楚地记得，从上午9点到11点，整整两个钟头，他甚至连一口水都来不及喝。他的底气，他的自信，他的学识，深深地震撼了我们。如果为人师者，都能像他这样，那我们的学生怎会不出色呢？

在这次学习中，专家们对工作的执着和热爱让我感动，当然更为重要的是我得到了专业知识的提升。在教育教学领域的学习和研究，对工作的热情奉献，是专家们的成长历程，更是我努力的方向。

4. 做一名幸福的教师

暑期培训心得

廖艾红

"宝剑锋从磨砺出，梅花香自苦寒来。"这一名句让多少人铭记在心，同时也成就了多少人的学业、事业。成事在人，谋事在天。世界上不可能有一条通往成功的捷径，每一次成功的背后都凝集着无数的血汗和精力。

暑期五天的业务培训是充实的，是丰收的。无论哪位专家的发言无不告知大家要学习、要研究。在我们的教育战线上凡是有卓越成绩的老师，他们身上都散发出一种执着与坚强的魅力。他们有着人生的理想，他们有一种崇高的职业精神：教师，人类灵魂的工程师，肩上的责任与使命无人可及，站在三尺讲台上，就必须经受许多的磨炼。因为我们不但要教学生知识，更要教学生如何学习，如何做人，帮助孩子们从小树立一颗雄心，培养孩子们高尚的道德情操，充分激发孩子们的创新思维……因此，我们每位教师必须要努力做一个终身学习、潜心研究的幸福教师。

一、坚持做学习型教师

作为新世纪有理想、有抱负的教师，要想开辟教育教学的新天地，唯一途径是学习。因为阅读的广度决定着你生活的内涵，阅读的深度决定着你思想的高度。对于学习，我认为不但要博览群书，还应阅人无数，"取人之长，补己之短"。当然，这之后我们还应坚持写作、反思、研究。只有这样，我们才能真的发现自己的不足，才能提升自己的质疑能力，才能将所学的东西化为自己的一种能力。

二、努力做研究型教师

作为一名教育工作者，应将研究变成一种习惯。教学具有研究性，教师应是研究者。要成为研究型教师，必须要有强烈的职业责任感，在不断学习的前提下，我们要研究教材，研究教法，了解并深入研究学生，理解学生，真正地尊重学生的需要。此外，要成为研究型教师还必须有深厚的学科知识和过硬的教学功底，这些与学习都密不可分。教师要学习，更要研究。

三、用心感受做教师的幸福

幸福是什么？是个人内心的感受。而感受如何，取决于每个人的心态。教师这一职业，在很多方面不能与其他职业相比，它难得功成名就，大部分教师到头来只是两袖清风。彭兴顺老师的讲座让我们找到了答案：把工作当作一门艺术去追求，去研究。艺术最终带给人们的是享受，是快乐，是一种美的境界。

此次学习让我更进一步地学会了思考，学会了宽容理解，学会了开心工作，开心生活。接受工作的"缺口"，同时也学会了"放下"。听完讲座，我全身心都轻松下来了，没有了对繁重工作的抱怨，没有了对繁琐工作的烦心，没有了对学生的屡教屡犯的无奈……不再彷徨，不再烦闷。相信学习后的我们，一定能通过自己的努力成就教师生涯的幸福。

五、同行的力量

有人说过："一个人能走多远，就看他与谁同行；一个人有多优秀，就看他有什么人指点；一个人有多成功，就看他与什么人相伴。"这句话告诉了我们，人的成长需要长者的提携，需要导师的指点，需要朋友的帮助。事实证明，教师的成长更是如此。为了让老师在起跑线上有个好的开头，也为了充分利用学校骨干教师的资源，指导、帮助青年教师加快专业发展，学校为新教师指定导师（老教师、骨干教师、优秀教师），努力提高青年教师的教育教学水平、教科研能力和管理水平，使每一位教师都成为"师德高尚、境界高远、能力高强、学识高深、言行高雅"的"五高"教师。

1. 名师引领促成长

名师与新秀的携手，是经验与关爱的传递，是收获与激情的融合，是生命与事业的延续，是成熟与积累的再生。朱冰洁老师带领大家见证那些美丽而难忘的时光，见证师傅朴实的言行里那些海的谦逊，山的崇高。

我印象中的宋校长

朱冰洁

2011的8月底，我正式进入了云小，成为这个优秀的集体中的一员。开学了，面对繁琐而生涩的种种工作，作为新老师的我们都是一知半解，急需前辈的提携与帮助。而宋校长正是在此时出现，为我们指明了方向。

早在进入云小之前，就听过宋校长的一些事迹，也曾在脑子里想过她的样子，定是不怒自威的吧。直至早些时日参加了学校的招聘考试，见到了宋校长，心里暗自觉得好笑，如此一位和蔼可亲、气质宜人的校长居然被我想得……面试时，宋校长的笑容就是云小给我的第一份礼物。我们一年级是8月31号开学，从开学前的各种会议开始，宋校长就一直全程参与，并就我们的工作提出了很多的建议。开学了，不光是我们老师在辛勤劳动，学校里所有的工作人员都在加班加点，只为了完成好工作任务。宋校长她也没闲着，甚至可以说是比我们更加辛苦。晚上，她一间一间寝室地安抚学生情绪，又召开临时会议，对班主任工作进行小结和指导，这对我这个初出茅庐的人来说真的是帮助特别大，相信其他的老师也肯定是受益匪浅的。

时间总是过得飞快，紧张的教学任务像是一座座的大山把我们压得喘不过气来。孩子们的学习情况不稳定，我们老师担忧，宋校长更是放在了心里。每天不管有多忙，她总会抽出时间到我们一年级组办公室和我们交流，为我们提出各种好的教学方法、工作建议。我们有任何教研活动时，她总会参与进来，与我们一起共同商讨，帮助我们解决难题，真正做到了凡事亲力亲为，关注细节，关爱每一个学生。

就在前一周，我上了这一学期的第一节汇报课，说实话，是顶着很大的压力的。在另外五位经验丰富的前辈面前我是渺小的。课上完了，宋校长对我的一番点评让我十分受用，不论是教学设计，还是对学生的评价语，她都非常详细地进行了点评，帮助我找到了自己的不足，让我对提升自己又有了明确的目标。我想，不光是对我，对于其他的老师来说，这样的点评也会是十分有用的。

走在校园里，总能听到孩子们一声声的"宋奶奶"、"校长奶奶"，我想，看到这群孩子们纯真的笑脸，宋校长心里也是欣慰的吧。真的，没有任何虚情假意，我只是把我看到的那个宋校长写下来，这次学校的"向宋校长学习"的活动恰好给了我这个感谢的机会，谢谢您！

我倡议，让我们所有的老师向宋校长学习，学习她的乐岗敬业，学习她的爱生如子，学习她活到老学到老的精神……有这样的精神在，有我们所有老师的共同努力，云小的明天定然会更好！

2. "青蓝工程"共提高

俗话说：师傅领进门，修行靠个人。拜师学艺，不是邯郸学步，不是依赖他人，失去自我。在成长的路上，刘莹老师珍惜良师引路，益友相伴的每一次切磋琢磨，与大家潜心研究，共同提高。青出于蓝而胜于蓝。

我的良师益友

刘莹

美好而充实的时光总是过得很快，转眼间我成为云小这个大家庭中的一员已经两年了。刚来云小的时候，作为一名新教师，我在教学经验上存在着明显的不足，学校对我们新教师的定位很高，为了让我们在尽量短的时间内成长为一名优秀教师，学校启动了"青蓝工程"，新老教师结对，以优带新。我正是在"青蓝工程"中结识了我的良师益友——谭牡老师。

谭老师为人随和有耐心，是一名有经验的优秀教师，她工作中的那份认真、踏实和勤恳无不让我感动和敬佩，而我有幸跟这样一位老师学习让我感觉特别踏实。且不说我在上"青蓝工程"展示课的时候，谭老师是怎样指导我公开课的选材，教材的重、难点的处理，还是费尽心思帮我选择习题，设计板书等，让我感受最深的还是谭老师指导我参加"杏坛之星"赛课的经历。

说实话，出去参加比赛我还是第一次，很感谢学校能给我这次"亮相"的机会。记得刚抽到"8的乘法口诀"这一节课时，我就积极准备，很快就进行第一次试教，这次试教让我初尝苦头。整个课的流程看似很顺利，学生有学习乘法口诀的经验，也能运用口诀解决问题，只是整个课堂的气氛不活跃，平平淡淡，没滋没味的。针对这一情况，谭老师指导我创设有趣的情境，以吸引学生的注意，这样我有了第二次试课，满以为有了有趣的情境，就万事大吉，谁知道又遇到新的困难，学生能编出"8"的乘法口诀但并不知道"8"的乘法口诀究竟是根据什么来编的。所谓知其然不知其所以然，难点没有突破让我觉得苦上加苦。第二次试教失败之后我们经常在一起研究，有时谭老师的宿舍也成了我们讨论的地点，谭老师带我重新理清思路，让我原本混乱的思绪豁然开朗。我充满信心地再"教"一次。这次试教苦中带甜，正是经历了前两次的失败，才更能在这次试教中感受到成功的喜悦，同时谭老师脸上也露出了欣慰的笑容。当然这还不是最后的成功，之后谭老师又帮助我完善一些细节上的问题，甚至一句过渡的话要怎么说，谭老师都为我考虑周全了。几次磨课下来，我感觉自己站在讲台上的底气更足了，对课更有信心了，终于在"杏坛之星"赛课中获得了数学组一等奖的成绩。苦尽甘来，收获到的不仅仅是荣誉，更多的是自己的成长与进步。

纵有春寒料峭，也会迎来鲜花盛开。"青蓝工程"不仅为我的成长提供了良好的条件和机会，同时也为我今后的工作打下了坚实的基础。作为年轻教师的我，会将谭老师对我的关心和帮助转化为教育教学上的动力，我将继续努力，认真学习，踏实工作，争取在工作中更快地成长。

六、路上的风景

学校不仅是学生健康成长的乐园，同时也是教师成就事业、不断学习和提高的场所。学校组织教师外出考察、培训学习，开阔教师的视野，不断让教师接受新思想、新观念、新学说，并形成具有前瞻性的现代教育观念，激发了教师参与教育教学改革和研究的热情，使教师努力把现代教育的新理论融入到教改实践中，不断激发自身的创新欲望与潜能，以适应新的挑战。

1. 效仿与超越

老师们深刻体会到，学校必须创特色，走可持续发展之路，才能成为教师、学生成长的乐园。

北京之行学习感悟

徐来

2013年12月6日至10日，我参加了"走进北京名校行"活动，历时五天，几天来分别考察了北京市的顶级名校——中国兵器工业机关幼儿园、中关村三小、北京市立新学校、北京市101中学、清华大学附属小学、北京市六一幼儿园等。行程安排有现场观摩、领导讲话、交流互动等，内容丰富，形式新颖，几天下来，收获颇丰、满载而归。

一、先进的办学理念是学校发展的灵魂

名校都有自己先进的办学理念，如：兵器工业机关幼儿园的"以人为本，快乐成长，健康发展"的理念，清华附小的"为聪慧而高尚的人生奠基"等。北京市立新学校以办一所"孩子向往、教师幸福、社会满意"的品牌学校为办学目标，在理念的引领下确立自己的管理理念、教学理念、德育理念和服务理念，并通过解读与践行，让全体师生和家长理解学校的办学理念和思想，为

图4-1 北京市民族小学考察学习

此而共同努力，即理念上的认同产生行动上的合力，从而形成学校教育共同体。如清华附小在"为聪慧而高尚的人生奠基"的理念的引领下，实施"1+X"课程体系；兵器工业机关幼儿园依据"以人为本，快乐成长，健康发展"的理念，实行"伸出手，给孩子引导帮助，放开手，让孩子尽情探索，拍拍手，为孩子成功喝彩！"的教育方法，给学校的发展带来了生机和活力，也逐步形成了真正属于自己的办学特色。

二、良好的校园文化是学校发展的保障

为了能"让每一面墙壁都会说话，每一个角落都能育人"，这些学校都有着各具特色的校园文化。大到整个校园的布局，小到教室及走廊每一个角落的布置，都进行了精心的设计。每间教室、每个走廊、每个角落无不散发着文化的清香。清华附小认为学校是一个珍品收藏的博物馆，是一个美好事物的集聚地，是一个传奇故事发生的地方，所以将每个角落都创设成孩子们快乐成长的天地。窦校长说："学校景观不是一次性工程，而是不断雕琢、不断积淀的过程。"多年来，全校共创设了十二个主题景观，让孩子们感受浪漫时尚的心态、勇于创新的精神和跳动的生命音符。

六一幼儿园从延安起步，被国家领导人称为"昔日马背摇篮，今日儿童乐园"，传承着"一切为了孩子"、"无私奉献"的延安精神，形成了"以爱为本、以德为先"、"专心于爱、专注于教"的"六一"和谐文化。学校的中老年教师很多，但她们的敬业精神丝毫不亚于年轻人，给我们作校史讲解的李老师已经从事讲解工作三十来年了，临近退休的她依然激情澎湃，让我汗颜。我想这就是学校文化的魅力吧！

三、优秀的教师队伍是学校发展的关键

1. 注重教师队伍素质的提升

学校是在做育人的工作，需要人去做工作。参观的学校都很重视师资队伍建设。俗话说："一个好校长就是一所好学校。"我觉得还不够全面。的确，校长素质的高低关系到学校发展的兴衰成败，但是，一个学校的可持续发展更需要一支优秀的教师团队，不仅要创造适合每个儿童发展的教育理念，还要创造适合每个教师发展的环境。"只有教师幸福地教，学生才能幸福地学。"立新学校曾军良校长每天有大量的工作，但他坚持不断提升自己的专业素养，年读书量达到了六十七本之多，试问我们自己又有几人能这样静下心来阅读？人的差异就出现在八小时之外。中关村三小，教师们最大的福利就是"培训"。为了及时了解课程改革的前沿信息，扎实推进课程改革，该校每学期都请教育专家和全国特级教师、优秀教师来学校进行专题讲座、现场授课。我们去的时候，三小正在和中国台湾同行进行教学交流活动，中国台南地区教研员让我们见识到了一堂真正的还课堂于学生的素质教育课。

2. 注重团队幸福指数的提升

为了能让教师幸福地教，三小刘校长始终把教师当作学校最宝贵的财富，工作上关心，生活上体贴爱护。学校设置了教师阅览区、教学资源区、教师休闲区，让教师们足不出户就能阅读到上百种报刊，看到自己喜欢的文章可以随时复印下来，作为资料保存。不仅如此，在教师资源区，还有全国最好的教案和课件视频，教师可以看到国际、国内及校本教材的资源。在教师休闲区，教师就像在家里一样，可以坐在吧台边茶歇，放松心境。现在学校的财经政策紧，学校没什么福利发放，学校在人文关怀方面就下了功夫，哪家孩子要住院，哪家有问题要解决……学校往往第一个知晓并积极解决。随行的老师们向我们表示："学校像家一样温暖、幸福，我们一定要更加努力工作来回报学校，誓为知己者'干'。"

这些举措告诉我们要提升内涵，提高办学品位，就必须注重师生的持续发展和健康成长，就必须不断提升教师的幸福指数，"在积累中走向成功，在反思中不断进步"。

四、科学而精致的管理是学校发展的根本

近年来，教育界相继提出精致教育、精致管理的理念，并在实践中进行了积极尝试。这是教育改革向深层次推进的重要标志，也向教育科研提供了新的课题。"精致"可以分解为三个词——"精心"、"精细"和"精彩"。"精心"是描述基点，体现的是态度与品质；"精细"是描述路径，体现的是方法与过程；"精彩"是描述目标，体现的是亮点与特色。对任何事情要做到精心、精细，才能做到精彩。

对以往学校粗糙的管理和服务而言，精致化理论无疑是一剂对症的良药。六一幼儿园在新生到园之初，就有一系列的联系、人性关怀的活动，特别是每晚在幼儿熟睡了以后向家长报平安，直至深夜。这细节让我感动不已，每周一他们的督学都要到各个班级走走，必须保证课堂天天有新意，周周有变化。精致化管理的价值内涵就是以生为本，创建和谐，针对问题，真抓实干。我们也应把精致化管理和服务贯彻到学校各项实际工作中，使每一位学生都能得到人性化的关怀和负责任的教育。唤醒学校管理的精致化思维，让精致服务的理念深深扎根，向管理要质量，变"有"为"优"，这样必然会带来教育的异彩纷呈。我想在我校进行精致管理，既是发展的方向，也是一种挑战。

五、几点感悟

第一个感悟：成长的平台很重要。

刘可钦，数学特级教师、全国教育系统劳动模范、全国模范教师、全国第三届十杰中小学中青年教师、国家义务教育数学课程标准研制组核心成员，享受国务院政府特殊津贴。

刘校长年轻时在河南当教师，当时北京十一学校校长李金初执意要引进刘可钦，这引起了河南省教育厅厅长和省政府副省长的重视，河南方面甚至将刘可钦的去留上升到了河南是否尊重知识和人才的高度来看待。当然，几年后的刘可钦还是来到了北京十一学校，后来又到了中关村三小任校长。这样的一个平台，成就了刘校长，她出了一本书——《刘可钦与主体教育》，我翻开一看，"顾问"上赫然写着袁贵仁、柳斌、朱小蔓的名字，能得到教育部长的赏识，足见她的优秀。

透过刘校长的成长经历，我发现平台的确很重要，是一个一个不同的平台（特别是中关村三小）成就了她今天的辉煌。但是好的平台的获得需要不断的努力，机会总是留给有准备的人。只有持之以恒的人，才能得到更好的发展平台。

第二个感悟：不懈的坚持很重要。

清华附小的窦校长是我们十分崇敬的一位专家。窦桂梅，1967年4月出生于吉林省蛟河县一个农村教师家庭，她没有辉煌的背景，没有过硬的后台。1982年，15岁的她走出山村，走进吉林师范学校。四年后，她以优异的成绩毕业留校做文书工作。同学们羡慕不已，她却不情愿——既然在师范学习了四年，就该成为一名好教师。几经周折，终于改派到吉林市第一实验小学。由于分配太晚，她被安排到教务处做教辅人员。在这个岗位，她一干就近5年，先后教过语文、音乐、数学、美术、自然常识、思想品德这几门课程。但她还是喜欢语文，她多次要求更换岗位——教她最喜欢的语文，1991年，她终于如愿以偿，从此，走上了一条纯粹的语文教学之路。

窦校长的经历告诉我们，要不是她坚持当老师，坚持教语文，要不是她坚守教改之路，何来"三个超越"和"主题教学"？她的成功，源于对事业的执着与坚持，所以我认为坚持很重要！由此我想到一个大家都非常熟悉的故事——《苏格拉底的苹果》。一天，在课堂上，哲学家苏格拉底拿出一个苹果，站在讲台前说："请大家闻闻空气中的味道！"一位学生举手回答："我闻到了，是苹果的香味！"苏格拉底走下讲台，举着苹果慢慢地从每个同学的座位旁边走过，一边走一边说："请同学们集中精力，注意嗅空气中的气味。"这时已有半数的学生举起了手。他回到讲台上，又重复了刚才的问题。这一次，除了一个学生没有举手外，其他人全都举起了手。苏格拉底走问："什么味道?"大家异口同声地说："是苹果的香味。"苏格拉底走到这位学生面前说："难道你真的什么气味也没闻到吗?"那个学生肯定地说："我真的什么也没有闻到!"苏格拉底举起苹果缓缓地说："他是对的，因为这是一只假苹果。"那一位学生就是后来著名的哲学家柏拉图。许多时候，我们已经接近了成功，都因为缺少坚持而离开。

总之，北京之行，让我们见识了很多，学到了很多。然而，学习不是为了效法，其目的在于超越，北京之行也为我们打开了一扇窗，让我深刻体会到学校必须创特色，走可持续发展之路，才能成为教师、学生成长的乐园。

2. 在学习中反思，在反思中成长

在不断前行中，老师们边吸纳，边反思，边成长。

深圳考察学习心得
曾柳

11月23日，我校10位老师在胡校长的带领下，赴深圳盐田区田心小学、乐群小学等几所小学和幼儿园进行了为期三天的参观学习，我有幸参与其中。学校精致的校园文化布置，先进的教育教学理念，求真务实的工作作风无不令我赞叹，尤其是以下几个方面令我感受颇深:

一、精心营造校园文化氛围，潜移默化中陶冶学生情操

这次我们参观学习的几所学校，都有一个令人震撼的共同点，那就是精心布置的校园文化。深圳的国学教育开展得有声有色，这不仅表现在课堂上，还表现在学校精心营造的校园文化氛围里。古香古色的文化布置，国学的精粹内容在校园的墙上、柱子上、楼梯间，甚至天花板上都随处可见。国学教育就在这样的潜移默化中深入孩子的心灵。同时各所学校又彰显了自己独特的教学特色，如田

心的书法、外小的英语，到处可见师生的精彩作品，真正做到了"让每一面墙壁都说话"。

二、坚持以学生为主体，将课堂教学改革落到实处

这次学习，也有幸学习了深圳同仁的课堂教学方法并与他们进行了深入的交流，使我受益匪浅。乐群小学的数学教学，改变传统数学教学模式，真正做到以学生为主体，注重让学生自己寻求解决问题的办法，鼓励方法多样化，鼓励学生自己当小老师。在这样的教学模式中，学生感受到自己是课堂的小主人，学习兴趣更浓厚了，思维更活跃了，更善于表达了，对于在课堂教学中不敢真正放开手的我来说是很值得学习的。当然，在学习的同时，如何带动全体学生，使这样的教学模式更有效，则是我需要进一步深思的。在兴泰实验学校的参观学习中，与该校数学教研组长的一番交流，让我对该校小组合作学习的模式，从小组成员的组合、分工到评价都有了较全面的了解，对我们今后开展小组合作学习有很大的帮助。

三、习惯从小培养，坚持落实总会有成效

几天参观学习下来，不管是小学还是幼儿园，最让我震撼的还是孩子们良好的习惯：课堂上孩子们认真倾听，敢于发言；写字时，孩子们姿势正确、静心书写；课间孩子们儒雅、有礼貌；做操时，孩子们动作整齐、精神抖擞；就连三四岁的幼儿园小朋友也让我见识到了什么是真正的"食不言"。我想，这样的好习惯，是家长，更是老师长期坚持培养的成果。只要我们能坚持从小培养孩子们的好习惯，就一定会培养出一批批儒雅谦逊的好少年。

三天的时间一晃而过，而带给我的思考却是深远的。谢谢学校给我提供了这样一个学习的好机会，让我能学习他人的优点，反思自己的不足。在今后的工作当中，我也将始终抱着一颗不断学习的心，使自己不断成长，使工作更加有效！

3. 最好的时光在路上

正是在考察学习的一次次文化碰撞和交流中，老师们的教育教学思想得到了洗礼。

上海学习心得

赵海燕

喜欢一句话：最好的时光在路上。在不同的地方遇见不同的人，他们各不相同的人性闪烁，在那个与你交错的瞬间，改变、点化、充盈着你的人生。所以，非常感谢学校为我提供的这次上海学习机会，在一次次的文化碰撞和交流中，自己的教育教学思想得到了洗礼。

这次上海之行，在那里听得最多的词是："主题"、"特色"。上海科技博物馆就特色十足。不说里面川流不息的人群，也不说里面惟妙惟肖的动物塑像，单是每块区域的解说词就让人过目不忘。老师们也参观过不少地方，里面的解说词都是客观的介绍，可上海科技馆的介绍很有意思。听，他们是这样介绍大熊猫：大熊猫具有黑白分明的毛皮和憨态可掬的外表，是风靡全球的明星动物，从食肉的祖先演变为吃竹子的"和尚"。介绍蜘蛛时，说"蜘蛛无处不在，但它们的生活却鲜为人知"，"可怕的？多毛的？现实生活中的蜘蛛让你大吃一惊"。感性的文字，幽默的语言，将枯燥无味的知识阐释得淋漓尽致。我想，如果在我们的课堂教学中，同样的知识，老师们能换一种语言表达，也许会有意想不到的收获！

放眼我们去过的两所幼儿园和三所小学，有着百年历史底蕴的适存小学，他们的办学特色是"书香催生活力，书香孕育人文"；西郊学校以"环保、体育"为特色。创办于1939年的上海愚一幼儿园，倡导"乐"、"活"教育。"乐"，乐享童年，让孩子以自由的生活体验成长；"活"，活水教育，以开放的视野思考教育。他们每月会围绕一个主题开展活动，我们去的四月份正好是以动物为主题。老师们会围绕主题和孩子们商量活动内容，有的班级专门研究各种恐龙，有的班级研究生活在水里的动物。印象最深的是海贝幼儿园，该园以研究"幼儿结构游戏"活动为切入口，然后将主题活动与结构游戏相结合，形成该园的特色课程活动。刚参观的时候，很奇怪：这个幼儿园怎么这么多男老师？原来，这是来学校做义工的"运动爸爸"。我当时心里就想，这里的家长素质好高啊，不但思想觉悟高，而且指导动作到位，每位都像专业的教练员。在随后的交流活动中我们深入了解到"运动爸爸"高素质是有原因的：幼

图4-2 上海市愚一幼儿园考察学习

儿园首先鼓励家长自愿报名，根据家长的特长筛选符合条件的"运动爸爸"。刚开始"运动爸爸"到学校时也不知道怎么带孩子玩，也是拿着手机对着自己的孩子狂拍照。针对这一情况，幼儿园对家长进行了专门的培训，告诉他们应该怎么和孩子交流，怎么指导孩子游戏，甚至连游戏时该站在什么位置保护孩子都做了详细的指导。所以说，在很多我们看到的表象后面都有其成功的原因。海贝幼儿园的"运动爸爸"能如此专业地带孩子们运动，是因为幼儿园给了他们专业的指导。平时，我们的老师希望家长能配合学校教育孩子，很多时候家长也有种心有余而力不足的感觉，有时家长不是不想管而是不知道怎么管。是不是我们也可以在平时和家长的交流中，或家长会中，给家长一些较好的建议，让他们知道什么是正确的教育方法。所以有班主任老师曾戏言，他带的是两个班，一个学生班，一个家长班。

在课堂教学这块，听了一堂一年级的数学课"凑100"，我们就以点带面来感知一下他们的教学特色吧。"凑100"这节课是适存小学数学组自己开发的一个案例，是让学生探究发现"和是100的两个数的特征"。这样的一堂课，如果是你，会如何来设计呢？适存小学的老师不走寻常路，他们借助了一个重要的道具——扑克牌来进行教学。老师安排学生玩了4个出牌游戏，这几个游戏都要求和同桌合作完成。整堂课，一个活动，贯穿始终，环环相扣，又层层递进。因为始终是同桌两人一起活动，有合作又有竞赛，学生学习的兴致一直很浓。也许有人觉得，用扑克牌教孩子学数学，玩来玩去，这样的课堂学生能有什么收获？可细看整节课，孩子们一直是全神贯注的，他们全身心投入到游戏中，做到了耳到、眼到、心到、口到。耳到——听到老师的游戏规则和同桌说的数字；眼到——看到对方出的什么牌；口到——说出自己的牌；心到——想到用什么数才能凑"100"；手到——写出算式。试想，有什么比孩子专心致志，又兴致盎然地做一件事情来得重要呢！而且，孩子在游戏中不断思考，获取经验，总结规律，教学效果非常好。说到扑克牌，老师们不但在课堂教学中可以有效利用它，还可以将它作为一种亲子游戏工具，因为它的随意性很强，又能很好地激发人的挑战欲望，还可以轻轻松松帮孩子巩固100以内的加减法计算知识。

保证这堂课效果好，离不开老师的多次及时评价。上课伊始，老师就告诉学生，这节课你可以从这三个方面夺"星"：学具操作、认真倾听、同伴合作。整堂课，老师组织学生进行了自评：如果你做到了认真听游戏规则，给自己记"一颗星"；和同桌合作很开心，记"两颗星"；学具整理得很快，记"三颗星"。同桌互评：如果你觉得同桌算得又快又对，给他记个"笑脸"；算得一般，记个"平常脸"；算得较差，记个"哭脸"。每次活动后的及时评价，让学生自省的同时不断规范自己的学习习惯。经过几个月的训练，呈现在我们面前的就是一群谦和有礼、"活而不乱"的孩子。同桌互评还有一个好处，很多孩子不能发现自己的错误，但就是愿意去挑别人的错处，老师在课堂上双拳难敌四手，同桌之间互相检查、评价，提高了教学效果。

以特色求生存，以特色求发展。我们云小早已确定了"书法养性、科技启智、艺术怡情、国球健体"的办学特色，现在需要我们全体老师一起按照学校方针政策组织学生开展特色活动，并及时总结经验，反思不足。只要我们齐心协力，用心、用情，一定能将云小创建成为"全省领先，全国有影响，与国际全面接轨"的精品学校。

走出去，才发现，在教学这条路上，我们还有更长的路要走。不过没关系，只要我们时刻保持一种在路上的昂扬状态，定能收获一路花香！我也会带着我的思考，一路执着前行！

4. 感动在细节

赴日考察心得体会

彭桃英

2010年5月6日至11日，为期六天的赴日考察，终以飞机在北京首都机场平安着陆而圆满结束。六天时间，马不停蹄地奔波于东京、京都、大阪，见识了日本现代化气息浓厚的代表性城市和代表性学校。说句心里话，在感叹于日本在教育投资之巨大的同时，我感触更多的是他们浸润于细节之处的精雅。每一处都仿佛只是不经意的普普通通一隅，却无处不体现出人文的魅力。

一、环境

相信各位赴日考察的老师最刻骨铭心的记忆就是日本的环境卫生，用一尘不染来形容，绝没有半分的夸张。干净、安静，一直也是我们在努力创造校园环境时的目标，但我们还没有达到那种程度。一走进日野学园，整个校园非常的安静。我原本还以为学生放假了，但换上拖鞋走进教学楼，才发现每间教室都在上课。教室墙壁的隔音效果非常好，即便是站在教室的窗户旁，也没有多大的声音传入耳朵。倒是授课老师脸上温柔的笑容，让我猜想定是那柔声细语让孩子们如沐春风。倒是我，因为不习惯穿拖鞋走路，鞋跟与地面摩擦发出的踏踏响声真让我有点赧然。以至于后来偷偷地脱了鞋穿着袜子走了几层楼，下来时，也没觉得袜子有多脏。

二、校园安全

走进日本学校的校门，第一感觉是总觉得怪怪的。放眼一望，恍然大悟。原来，从地面到墙壁，都少了那种凉凉的、硬邦邦的瓷砖。地上大多是镶着木地板，有的地方还铺了地毯。墙壁不知是用什么材料建造的，用手指去压，感觉还有点软软的。想着这些孩子在游戏中即便是不小心碰到墙上，摔到地上，也不至于头破血流吧。而各通道的门和楼道转弯处的扶手更让我深刻体会到细微处对孩子的关爱。每一扇门打开之后，都是完美地与墙壁融合在一起，整个门边都嵌在墙壁中，想当然也不会出现打开的门反弹回来，或是三五个调皮孩子推推搡搡地争抢着开门关门的情形。每一个楼道转弯处的扶手都以一个优美的圆弧姿态向另一个方向延伸，甚至有的学校还在扶手下面安置了安全网，避免孩子从扶手处栽下来。

三、校园文化

当我们向立山手小学校的校长问及他们学校的特色教育时，校长反倒很惊讶地望着我们。当我们把问题补充明了时，对方才恍然大悟，继而摇头道："我们谈不上校园特色教育，我们都是秉承着教育部门的指令，上头怎么说，我们就怎么做。"话说得很谦虚，或许在他们的眼里，这也是事实。但是，我们在参观校园时，却在这方面收获颇丰。首先映入眼帘的是每一层楼走廊墙壁上琳琅满目的张贴画，这些张贴画不是出自哪位名家之手，全部是学生平时的涂鸦之作，或山水小景，或人物素描，更多的是孩子们无拘无束、天马行空般的想象之作。作品不论优劣，都分类张榜在各个区域，五颜六色的走廊长壁，俨然一道亮丽的风景线，谁说这不是校园文化呢？在日野小学校，当我从六楼下到一楼时，正巧看到一二十个大概是一年级的小朋友排着队往沙池方向走。他们每人手里搬着圆形塑料"小板凳"，却又一个个很吃力的样子。我忍不住好奇，跟了过去。只见他们一到目的地，都把手里的"小板凳"倒扣在地上，往里面捣鼓起来。我定睛一看，那哪是小板凳，那是一个名副其实的小花盆。孩子们从老师那里领来花籽儿，各自在花盆里认真栽种起来。在后来的参观交流中，我们才发现几乎每一所学校都有这样的生活实践课程，栽种只是其中之一，而且在每一个校园里都有几块用来栽种的土地。走进手工室，桌上摆满了木头以及一些木质手工作品。在家庭活动室，洗衣机、液化气灶有序摆放，这是用来教学生参与家务劳动的。这些课程在我们这里是闻所未闻，可在日本却是相当普遍。对学生动手能力的培养，无形之中也是一种责任、一种意识的培养。说起责任，日野学园的副校长告诉我们，他们实行学生"一带一"的制度，如一个九年级的学生带一个一年级的学生，一个八年级的学生带一个二年级的学生……看着照片上高年级的哥哥姐姐们尽职尽责地牵着小不点儿走进入学仪式的会场的场景，我有一种莫名的感动。我相信，在牵起比自己稚嫩很多的小手时，那种保护弱小的使命感，晋升为"大人"的自豪感会在高年级学生的心中油然而生。在我的眼中，这也是值得一学的校园文化。

四、礼节

日本是一个很重视礼仪的国度，这点我早有耳闻。但真正接触、相处之后，认识里又有了质的变化。每一个亲切而不做作的微笑，每一句轻柔而不虚伪的问候，乃至每一次善意而不勉强的提醒，都让我感觉很温馨。我们每到一个学校，负责接待的老师陪同我们参观各个角落，每到一个转角处，他们会面带微笑地耐心等候我们人员的聚齐。每到一个门口，他们就停下自己的脚步，前倾着上身，示意我们先过去。每当参观结束的时候，陪同我们的老师会站在校门口，目送着我们的离去。最让我难以忘怀的是从保育园出来的时候，天空正下着雨，两位老师一人抱着一个小不点儿，撑着雨伞，在校门口相送。车子渐行渐远，在转弯处，我一回头，那雨中的身影依然还立在门口……在各所学校，我们并没有怎么与学生打交道，但是老师的一言一行也在向我们昭示着他们教育出来的下一代的优秀品质。

日本考察之行，我并没有要蓄意奉迎什么，也并不是说日本的学校教育就那么十全十美。只是我是去学习的，去其糟粕，取其精华。看到别人的长处，能学习的自然就不遗余力地学习。我也希望通过这次的考察学习，能真正提升自己的综合素养，更好地为云小贡献自己的光和热。

七、研究的历程

"长风破浪会有时，直挂云帆济沧海"，老师们乘着课改的航船，风雨同舟，在研究中实践，在实践中反思，在反思中提高。小教研共同体活动，凸显研究特色；名师示范课引路，引领课改方向；青蓝工程课激励，帮助新教师成长；录像课研讨，关注研究专题；推门课指导，规范常态教学；竞赛课观摩，推出教学新秀。正是这样一股以科研促教学的不竭动力，推动了学校和教师的可持续发展，确保了教育教学的领先地位。

具有共同信念和愿景的老师们成立了小教研共同体（以同年级同学科组为单位，成立的教研小团体）。他们明确分工，合作协商，承担责任，共同参与，合作共享，实现了研究活动从"个体"到"群体"，从"封闭"到"开放"，从"静止"到"流动"的转变。

1. 校本教研新形式

小教研共同体让校本教研更接地气

谢水清

校本教研是学校为了提高教育教学质量，从学校的实际出发，依托自身的资源优势和特色进行的教育教学研究。校本教研是教师培训的重要方式，也是最有效的方式。所以，每个学校都非常重视校本研训工作，定期开展各种形式的研训活动，比如：理论学习、案例分析、撰写反思、公开课、研究课、说课、课题研究。多年实践，我们发现，这些方式虽多样，但无系统，且有流于形式的现象，实效性不高。特别是课题研究，往往付出的时间和精力大大超出取得的实际效果，是为"要做课题而做课题"。我校致力于打造科研型教师队伍，在"湘潭市课程改革先进单位"、"湖南省中小学教师培训基地学校"的相继授牌下，学校的科研水平和研究引领能力迅速提升，学校在校本教研上做了更多的探讨和尝试。近年的小教研共同体活动成为了学校教研的新常态，取得了非常好的效果，是很接地气的校本教研形式，是人人参与、个个受益的研究活动。

小教研共同体是以同年级同学科组为单位成立的教研小团体，每学年在校内组织一次研讨展示活动。活动按"确定主题—组织研讨—课堂观察—课例展示—讲座交流"的程序进行，全面推动了学校校本教研工作的开展。

一、小教研共同体是更接地气的教科研形式

小教研共同体活动将教学中存在的一些实际问题确定为研究主题，很有针对性和现实意义，如低年级数学重在培养孩子的学习兴趣和方法，低年级数学组就以"有序思考，体验思维之旅"为研究主题；五年级语文组针对学生的学习内容开展"古典诗词教学"的研究；四年级语文组开发课程资源，进行"绘本阅读指导"……这些研究主题，源自老师们教学中亟待解决的问题。问题即课题，通过小团队研究小问题，让教育科研工作贴近老师的工作实际，成为人人能参与的课题研究工作，让校本教研具体化、常态化，让师生受益，又不成为老师工作的负担。

二、小教研共同体是不断改进的全面思考过程

孔子曰："学而不思则罔，思而不学则殆。"教学亦如此，"教师的成长＝经验＋反思"。小教研共同体活动，"确定主题—组织研讨—课堂观察—课例展示—讲座交流"，是反复的研讨和反思的过程。从低年级数学组确定以"有序思考，体验思维之旅"这一主题进行研讨开始，老师们就铆足了劲儿。在前期，低年级数学组的老师们就为此次教研活动，搜集了大量的培养学生有序思考的资料进行专题学习，并制订好研讨计划，如何将这一主题很好地渗透于我们的教学。紧接着，确定以一年级教材实践活动"摆一摆，想一想"为例开展课堂研讨，从教材内容的解读与学习，教学目标的制定与过程设计，初次教学实践中聚焦的问题与教师们的思考，教学设计的变化，第二次教学实践中的问题聚集与思考，较为成型的教学设计与思考到固化成果，达成共识，再到最后我们该如何把这些成果在学术讲座中向全校的老师一一呈现，我们关注的，已经不是最终的那个比较完善的教学设计，而是在"几易其稿"中，教师思考角度的变化、教师思考长度的增加、教师思考力的积累、教师由此获得的成长和成功。

三、小教研共同体是教师学习成长的最佳平台

教师的成长离不开环境的影响，小教研共同体是一个和谐共生的学习共同体。在研究中，共同的目标把老师紧紧绑在了一起，大家围绕共同的目标，结合自己教学的困惑进行深度交谈与探讨，或争执，或点头，或微笑，在每一次的研讨中，没有权威，没有顾及，没有一言堂，大家都会发表各自不同的见解，从而达到思维碰撞、取长补短、行为引领的目的。

在这个学习共同体中，有着共同意愿。从刚开始接到任务时，大家的各种不自信和担心，到共同体成员一起交流个人经验

与智慧，分享其他成员的经验与智慧，收获的是一路芬芳。可见，这种共同的意愿不单体现在大家从一开始对于这种教研方式的不信任、不适应到最后的高度认可上，更体现在大家对教育价值的共同追求上。其二，有"和而不同"的氛围。有了共同意愿并不代表大家要消除差异，成为整齐划一的形象。虽然每次的研讨都会有争执，甚至最终大家都没有得出结论，但这种最大限度地贡献自己的智慧，又能质疑他人观点的氛围就如同一曲"交响乐"那般美妙，因为每一次思维的碰撞和心灵的交融，都激发出了团队的最大潜能。因此，教师在这种团队学习和共同研修中可更快、更好地促进专业成长。

四、小教研共同体是引领教育科研的先行者

小教研共同体活动的最后一个环节是讲座交流，团队派代表就研究主题的确定、研究过程及研究成果和经验，一一与全体教师分享，这样不单是一次简单的展示，而是全体参会教师的一次校本教研培训会，能从讲座中看到这个团队间的平等对话、亲密合作、智慧碰撞、潜能开发、经验共享，能感受到他们成长的心路历程，从而使全体教师从中得到启迪和感悟，做到学有榜样，赶有目标。如一年级语文组以《两只小狮子》的识字教学课为课例，开展"多管齐下促识字"的小教研共同体活动，形成了"一个汉字一幅画；一个汉字一段生活；一个汉字一则故事；一个汉字一首儿歌"等妙趣横生的多样识字方法，不但本组受用，而且也成为学校的教学资源。通过开展这样的校本教研活动，充分发挥了团队的示范辐射作用，以理论提升和实践发展相结合的方法，用团队的实际行动来感染、影响周边的人，引领着师资队伍的整体提高。

五、小教研共同体把每个老师都推上舞台

小教研共同体活动，是团队协作，也有具体分工。本次的执教者、课堂观察者、主讲者，下次都会重新承担任务，谁都不能只做站在路边鼓掌的人。老师们各尽其美，在各个环节中充分展示能力水平，也促使老师不断学习进步，为下一次新的展示做准备，谁都可以依靠团队，谁都可以成就团队。小教研共同体活动，让每个老师都觉得自己很重要，每个老师都有属于自己的舞台，不断激励老师们在研究之路上前行。

小教研共同体作为我们校本教研方式的大胆尝试，让研究贴近老师，其意义已经远远超出了我们通常理解的意义。这种方式所带来的教师思考力的发展、教师的成功感和愉悦感，特别是教师对于自己教学的思考，将会是持久的。因为我们深知：千里之行，高山起微尘，千里始足下，行动很重要。结伴而行，一个人走得快，一群人走得远，团队很重要！

2. 学校教研组建设的革新

小教研共同体

朱红果

教研组是学校教研工作实施的最基本单位，是促进教师专业发展及成功开展校本培训的关键。从某种意义上来说，教研组的工作水平直接影响学校的教育教学水平。一直以来，尽管大家都努力用各种制度、措施、规范、考评刺激教研组有所作为，但其建设及活动开展成效不容乐观。究其原因，首先在于当下很多学校的教研组异化为学校行政管理组织，将工作重心放在组织公开课、检查教师业务工作、传达上级和学校各项指令等事务性、辅助性工作上，丧失了"教"与"研"的意识。其次，教研组组长作为一个管理者存在，渐渐失去了作为一个课程领导者的意识，对本组的教研活动规划的意识与能力不强，研训没有结合老师们的教学实际，没有针对工作中的具体问题，接地气地开展研究活动，做不到急老师们所急，想老师们所想，难以提出有针对性的发展策略为组内教师提供发展空间。再次，由于教研组的各种活动缺乏核心专题和专业引导，缺乏向心力和凝聚力，老师们习惯单打独斗，大家合作交流意识不强，专业发展迟缓。在工作中，教研组的不足和异化之处逐渐凸显，这些缺失都制约着教研组的建设与发展。基于此，各校都在试图突围与突破，寻求教师团队建设的新思路。我校根据教研组建设和活动开展中出现的具体问题和成因分析，组织老师们成立小教研共同体，开展各类研究活动。

何谓"小教研共同体"？所谓"小教研共同体"，是指在学校内部，以教师为主体，根据学科和年段特点，组织具有共同信念和愿景的老师们成立小的研究团队。各成员在活动中明确分工、合作协商、承担责任等，共同参与决策，合作与共享，从而实现研究活动从"个体"到"群体"，从"封闭"到"开放"，从"静止"到"流动"的转变。小教研共同体是一个专业的研究性组织、自觉的发展性组织、开放的合作性组织，较基层教研组，团体更具自觉性、发展性、开放性、灵活性，它强调每个成员都认同一致的价值取向，教研的指向也更明确、行动路径更明晰、责任分工更到位、按需组合更灵活。它要求组织内各个成员能在活动中及时分享各自的见解和信息，鼓励各个成员通过研究探讨达到对专题的深层理解，解决一个个具体的教育教学问题。

从教研组到小教研共同体，我们不能只是简单的概念转换，而要从思想、理论到实践的彻底转型，从而改变教师的精神面貌，加速教师的专业成长，促进各校教育教学研究活动有序开展与均衡发展。那我们如何开展小教研共同体活动，带领老师们走上专业发展的快车道呢？

首先，我们要改变老师的观念，让他们从"要我发展"转到"我要发展"，从而从"外控"走向"内驱"。其次，尽管我们打破了原来教研组的形式，让老师们根据学科和学段特点，基于共同研究的问题成立教研共同体，但为了让共同体的研究活动有高度，有实效，我们邀请市、县、校级的教研员、学科专家、骨干教师成立学术委员会，在活动中发挥他们的专业引领作用。每次活动，各共同体邀请学术委员会成员对活动进行全程指导，参与到具体的研究活动中。小教研共同体在开展各项常态活动时，主要在四个字上下功夫，即"专"、"活"、"精"、"新"。

一、在专题化教研中成长，让小教研共同体活动更"专"

专题化教研是小教研共同体的常态活动形式。每次活动之前，由学校学术委员会和共同体成员一道梳理教育教学实践中存在的共同和突出问题，从而确定专题。再由小教研共同体活动负责人负责本组活动的具体实施和过程指导，及相关协调与管理工作。负责人在活动前，需要对整个专题教研工作进行总体规划，对专题教研工作进行具体分工，保证每位成员均有活动任务，共同参与到活动中，让他们共同成长。专题教研活动按"确定专题—组织研讨—引领观课—展示交流"的模式分专业学习、课例展示、课堂观察、学术讲座四个版块开展。

1. 专业学习：共同体负责人搜集研究专题相关内容，组织成员进行学习讨论，提高活动研讨的理论指导作用，真正达到"共同体是我家，学习惠大家"的效果。

2. 课例展示：共同体根据确定专题选择课例，组内成员开展研讨，研究课堂教学的每一个环节，解决困惑与问题，共同研究改进方法，继而突破专题研究的重点、难点。

3. 课堂观察：负责人组织成员围绕研讨专题听课，听课时要把注意力集中在观察和思考上；听课要明确要点，做好详细的听课记录：本节课是如何解决本次活动的研讨专题的重、难点的；教学过程、板书设计、教师的重点提问、学生的典型发言、师生的互动情况、有效的教学方法和手段等；教学中突破难点、重点的地方，符合教学规律、有创新、有特色的做法或存在的问题等；课后要及时整理听课记录，在进行理性思考分析的基础上，归纳、总结出解决问题的成功经验和做法，并进行推广，同时提出改进的意见和要求等。各共同体在研讨交流后写出研讨课观察记录材料，内容包括课例的教学理念、教学目标、教情学情、教学程序、师生表现及问题、反思总结等几个方面。

4. 学术讲座：各共同体要围绕每次确定的专题进行研究，并将研究主题的提出、研究过程、研究结论经验及存在的困惑进行反思总结，开展讲座交流。讲座要求紧紧围绕研讨主题从以下几个方面展开：

（1）为什么要确定这个研讨专题？确定这个专题的主要依据是什么？这个研讨专题由教学中的哪些困惑或问题整合而成？

（2）这个研讨专题目前在教学中有哪些表现？对教学产生了什么样的影响？

（3）完成这个专题要采取哪些措施？突破口在哪里？深入研讨后有什么新的结论或收获？有哪些新困惑？

当然，我们也深刻认识到以评促效的意义。每学期期末，学校会从各共同体活动的专题中选取优秀专题，从活动准备、研讨实施过程及成果展示等方面对活动成效进行综合评定，评选出优秀共同体团队，被评为优秀的小教研共同体成员将在学校各项评优评先中取得优先加分权。

小教研共同体每次开展的专题教研活动，重在解决教与学中的实际问题，便于营造良好的教研氛围，加强教学的协作沟通，提高了成员的教育教学能力。

二、在校内外平台中提高，让小教研共同体活动更"活"

对抗不如对话，竞争不如竞"和"，沟通需要各类平台。为了让老师们能在一个更广阔的平台相互学习、相互帮助、相互切磋交流，让同伴互助、互学、互动，促进老师们的共同成长，在开展校级小教研共同体活动时，我们尝试打破小教研共同体活动的学科界限，将不同学科进行整合，围绕共同专题，各学科小教研共同体团队协同开展研究。鼓励各共同体的成员们在活动中互相交流、探讨，共同参与。同时，我们还联系了各兄弟学校的各研究团体，开展校际、县市级教研共同体活动，建立共同体的活动机制。在活动初，大家聚在一起，就自己整理出的研究专题进行探讨研究，确定全体成员共同关注的核心议题，再开展同课异构、观课议课、专家讲座等形式的活动，综合各共同体的课例实录、研究报告进行研究交流，对教学作进一步调整和改进。

教师正是通过这样的校内外平台进行学习、交流、研讨等一系列锻炼，在实践中学会了反思，在相互尊重中学会了交流，在虚心中学会了吸纳，在领悟中学会了调整，在合作中学会了成长，实现资源共享，优势互补，促进自身专业成长。

三、在小课题研究中发展，让小教研共同体活动更"精"

在进行课题研究时，我们常常会听到老师们的抱怨：课题与教学是两张皮，课题研究没有办法服务教学，只会增加教师负担。分析原因，我们会发现，存在以上问题的原因很大程度在于老师们有时研究的课题、选题来自于网上，而非源于自己的教育教学实践。有时因为研究对象不明确，又找不到与自身教育教学相关联之处，无从下手。针对此种现象，我们的小教研共同体可以将自己开展专题教研时确定的研究专题列为小课题，结合教学实践，开展一系列系统、深入的研究。同时，共同体成员结合本校实际和自己在活动中的具体做法、实践与思考以及所取得的经验撰写论文、进行经验总结等等，可以整理成为此小课题研究的成果之一。这样的小课题研究活动，更有针对性，更加系统深入，成果也便于整理，容易凸显，让课题研究更接地气，更多地服务于教育教学，解决老师们的实际教学难题，走进老师们的内心。

利用共同体开展小课题研究，让课题研究基于课堂、基于常态教学，引领老师们探究教育教学中的问题及其解决策略，进一步促进了学校小教研共同体的建设，大大提高了教师教科研意识及能力。

四、在网络研讨中进步，让小教研共同体活动更"新"

现在是一个信息开放的时代，网络的普及让人们的交流范围愈来愈广阔。为了更便于校级各小教研共同体成员及校际共同体之间的交流和研讨，我们充分利用微信、QQ群、社区等网络平台，开展各类研究活动。各教研共同体不但可以利用平台与本组成员或其他组成员就研究中的问题、困惑进行探讨交流，让专家、优秀教师为自己分析原因，答疑解惑，而且还可以及时发布自己团体的教研新动态、新成果与大家共同分享，便于各团队优秀经验成果的学习推广，从而在更大程度上实现资源的共享和交流。

苏霍姆林斯基曾说："如果你想让教师的劳动能够给教师带来一些乐趣，使天天上课不至于变成一种单调乏味的义务。那你就应当引导每一位教师走上从事教研这条幸福的道路上来。"什么样的道路才能让教师幸福地从事教学和研究呢？构建小教研共同体就是一条实现教师幸福人生的康庄大道。小教研共同体的构建在原基层教研组的基础上，进行了从组织形式到内涵的实质性变革，其研究的问题以教师的课堂实践为对象，研究成果也能较好地回归到教师自身的教学当中去，真正调动教师的积极性。我们在今后的工作中，需要充分利用小教研共同体的活动优势，将教学研究、培训与实际教育教学有机地融为一体，真正促进教师专业、持续发展，促进教师的能力不断提升，使学校不仅成为学生发展的乐园，也成为教师不断成长与提高的平台。

3. 群文阅读课例

课堂教学有科学也有艺术，水平越高的课堂，艺术成分越多，创造性要求也越高。相信，在追寻理想教育的过程中，老师们能看到更加美丽的教育风景，享受到更有意义的教育幸福。

中国民间爱情故事

教学目标：

1. 主题回顾，梳理故事情节，整体感知故事内容。

2. 比较阅读，探究中国民间爱情故事的创作特点。

3. 片段分享，从写作特点赏析体会表达效果。

4. 批判阅读，比较古今爱情观的差异。

教学重点：

1. 主题回顾，梳理故事情节，整体感知故事内容。

2. 比较阅读，探究中国民间爱情故事的创作特点。

教学难点：

1. 片段分享，从写作特点赏析体会表达效果。

2. 批判阅读，比较古今爱情观的差异。

教学准备：

1. 教师准备：阅读材料50份、课件。

2. 学生准备：文具盒、预习阅读材料、四人小组编号。

教学过程：

一、主题回顾

1. 出示四大故事题目。（课件出示四大故事的图片，帮助学生回顾内容）

师：欢迎大家参加"书韵流香"读书交流活动，今天这节课我们将通过比较、讨论、发现的方式来聊一聊咱们中国古代的"爱情"。

二、借助情节梯，梳理故事内容，发现创作特点

1. 老师提问。

师：课前大家已经初读了四个故事并梳理了故事的主要情节，哪个小组愿意与大家分享一下你们的成果？

故事名称	男主人公	女主人公	阻挠者	经历的磨难	结局
《牛郎织女》					
《白蛇传》					
《梁祝》					
《孟姜女哭倒长城》					

2. 学生汇报：交流反馈四个故事的大致情节。

故事名称	男主人公	女主人公	阻挠者	经历的磨难	结局
《牛郎织女》	牛郎（放牛的农民）	织女	王母娘娘	被迫拆散、分离	鹊桥相会
《白蛇传》	许仙（郎中）	白素贞	法海	被打入雷峰塔永不相见	雷峰塔下重逢
《梁祝》	梁山伯（书生）	祝英台	祝员外	求婚被拒，含恨而死	化蝶而去
《孟姜女哭倒长城》	范喜良（书生）	孟姜女	秦始皇	丈夫惨死，千里寻夫	投江殉情

3. 发现问题，引发思考。

师：看着这张阅读单，你发现四个故事有什么相似之处吗？（小组讨论）

生1：我发现他们的爱情都有一个很有实力的人从中阻挠。

生2：我发现他们的爱情都经历了很多困难。

生3：我发现他们的爱情结局大都具有悲剧色彩。

生4：我发现他们的爱情都是女强男弱。

……

4. 归纳小结：中国民间爱情故事的创作特点。

中国民间故事的情节更为曲折、男女主人地位悬殊（创作基于现实）、结局丰富多样。

三、片段分享：重读情节，从写作特点的角度分析体会表达效果

1. 分享片断。

师：都说好书不厌百回读，我们重读故事，你最想读哪个故事的哪个情节？也就是说你脑子里会立刻浮现出哪个画面？

生1：我脑海中浮现的是牛郎织女相会的画面。

生2：我脑海中浮现的是白蛇与许仙重逢的画面。

生3：我最想读孟姜女哭倒长城的画面。

师：嗯，哪些同学也跟这位同学一样，脑子里立刻浮现的是孟姜女哭倒长城的画面？（学生纷纷举手）好，我们就来关注这一个精彩的情节。

"坐在城下，孟姜女悲愤交加，想自己千里寻夫送寒衣，尽历千难万险，到头来连丈夫的尸骨都找不到，怎不令人痛断柔肠。愈想愈悲，便向着长城昼夜痛哭，不饮不食，如啼血杜鹃，望月子规。这一哭感天动地，白云为之停步，百鸟为之噤声。直哭了七天七夜，忽听轰隆隆一阵山响，一时间地动山摇，飞沙走石，长城崩倒了八百里，露出范喜良的尸骨。"

师：请同学们自由读读这一段话，哪些句子让你感觉很震惊？找出来多读几遍并及时写好批注。

生1："这一哭感天动地，白云为之停步，百鸟为之噤声。直哭了七天七夜，忽听轰隆隆一阵山响，一时间地动山摇，飞沙走石，长城崩倒了八百里，露出范喜良的尸骨。"我觉得这句让我很震惊，白云、百鸟都被孟姜女感动了，长城也被哭倒了！

生2：……（谈感受）

师：生活当中，你们真的会见到因为哭声而白云却步、百鸟噤声、长城倒塌的情景吗？

生：不会。

师：这不是不符合常理？

生1：这是用夸张的手法，表现了孟姜女的悲痛欲绝，对统治者的深度批判，连白云、鸟儿都为之动容，为什么有血有肉的人不能同情、成全他们？

师：是呀！你一语道破了民间故事的又一特点：情节夸张、充满幻想、超自然、异想天开。（板书、齐读）细心的同学会发现其他三个故事也具有相同的特点，请大家小组合作，先找出相关的情节读一读，再结合这一特点谈谈你们的感受，请记录员继续做好记录。

2. 批注示范，学习如何将批注写得丰富具体。

3. 小组合作，从创作特点的角度分析体会表达效果。

4. 汇报交流：引导学生交流时做到生生互动，学会交流并分享读后感受。

生1：《牛郎织女》中老牛死后献皮，喜鹊搭桥的情节，从这里我感觉作者运用夸张和幻想的手法写出了老牛和喜鹊被他们的爱情打动，赞颂了他们之间的真情。

生2：《白蛇传》水漫金山寺的情节，运用了夸张的手法，充满奇幻色彩，体现了白娘子不向阻挠者屈服，为爱情坚定、执着的特点。

生3：《梁祝》化蝶的情节，用神幻的手法表现了祝英台对梁山伯的一往情深。

5. 师总结：同学们的体会很深刻，刚刚我们是从同一个角度品读文章，我们还可以从多个角度品析文字，那样我们的感受又会有所不同。但相同的是我们都被故事中的主人公深深感动，因此，虽然时代久远，但这样的爱情故事口耳相传，流传至今。

四、精彩赏析：批判阅读，比较古今爱情观的差异

师：时代在变迁，观念也在改变，也有人站出来笑着说："这孟姜女真够傻，这么美貌非凡，秦始皇要纳她为妃，她却放着锦衣玉食的王公贵族的生活不过，傻傻地抱着丈夫的遗骨跳江，真是愚不可及！"于是结局被这样改写了："不几日，长桥坟墩已全都造好，秦始皇身穿麻衣，排驾起行，过长城上长桥，过了长桥来到坟前祭祀。祭毕，秦始皇便要孟姜女随他回宫。孟姜女欣然一笑道：'你励精图治，爱民如子，如今我夫已死，我有幸作你的妃子，是我的福分！'说完便投入了秦始皇的怀抱。一时间，浪潮滚滚，排空击岸，好似在为孟姜女祝福！"这个结局你喜欢吗？

生1：我不喜欢，文中的孟姜女对爱情坚贞不屈，不为荣华富贵所动，她是不会这样的！

生2：如果孟姜女是个贪图富贵的人，她就不会千里迢迢，风

餐露宿去寻夫了。

生3：如果孟姜女不在乎丈夫就不会在长城脚下伤心痛哭了！

师：是呀，正是因为孟姜女对爱情坚贞不屈、坚定不移，所以秦始皇要带她回宫，她才会——"'你昏庸残暴，涂炭天下黎民，如今又害死我夫，我岂能作你的妃子？休妄想！'说完便怀抱丈夫遗骨，跳入了波涛汹涌的大海。一时间，浪潮滚滚，排空击岸，好似在为孟姜女悲叹！"（引读：指名读，后齐读）

师：孟姜女为坚守自己的爱情投江殉情，祝英台也是这样一个烈女子！请大家看视频，这样的结局你觉得怎样？

生1：凄惨，但祝英台和丈夫是幸福的，他们永远在一起了！

生2：悲情的，但这样更突显他们爱情的伟大！

师：故事读到这里，我想问问大家，这些从古代流传下来的故事为什么今天读来，我们依旧回味无穷？

生1：被主人公对爱情忠贞不屈的品质感动。

生2：他们为了心爱的人都很执着、坚定。

师：除了主人公对待爱情矢志不渝的品质让你感动，他们身上还有什么精神让你佩服？

生3：主人公都敢于挑战封建势力，提出婚姻、爱情自主的要求。

师总结：是呀！当时的人们爱情及婚姻大都是遵从父母之命，媒妁之言，没有自由，基于这个现实，人们就创造了这样的故事来表达内心对真挚感情的向往和赞颂，对封建礼教、封建统治者的批判。因为基于现实，所以虽然也有一些奇幻色彩，但比起神话传说，民间爱情故事的现实性更强。

五、主题拓展

师：虽然时代在变迁，但无论哪朝哪代，对美好爱情的追求和向往是永远都不变的，这也就是今天我们再来读这些民间爱情故事的价值所在。但是，真正的爱情到底是什么呢？相信同学们以后长大成人了，会有更多的思考和体会。

推荐阅读：中国古代爱情主题作品《西厢记》《桃花扇》《天仙配》《牡丹亭》。

附课堂作业单：

中国民间爱情故事情节梳理单

故事名称	男主人公	女主人公	阻挠人	磨 难	结 局
《牛郎织女》	牛郎（放牛的农民）	织 女	王母娘娘	被迫拆散、分离	鹊桥相会
《白蛇传》					
《孟姜女》					
《梁山伯与祝英台》					

4. "群文阅读"，引领学生泛舟书海

老师们在小教研共同体建设这条路上摸索前行，一路付出，一路反思，一路收获。

六年级小教研共同体活动讲座

尊敬的各位专家，老师们，上午好！仲夏时节，万物蓬勃生长，我校的小教研共同体教研活动也如火如荼地开展，每一次活动都给我们带来了惊喜，给了我们许多的启发与思考。语文教学的创新与尝试是每一个语文老师都在做的事情，今天我们六年级组尝试的是一种新的教学模式——群文阅读。

在进入主题之前，我想谈谈阅读，我们来看三个案例：

案例1：犹太人的教育"密码"。

案例2：开封市教育科学研究所所长杜复平女士提供了她儿子的一个故事。她的孩子在小学三年级上学期的期末考试时，用错了语文卷子，拿了下学期的语文卷子。快考完的时候才发现用错了试卷，但是来不及更换，只好将错就错。阅卷结果出来后，想不到的是，儿子的成绩是98分，差两分就满分。这个学校有个很好的做法，就是孩子如果认为成绩不理想的话，可以申请参加第二次考试，记录最高成绩。这个孩子想："我考下学期的卷子都考了98分，如果考学过的知识肯定能得满分。"于是就申请了第二次考试，用了上学期的考卷，结果考完后一阅卷，成绩为93分。

这个例子告诉人们，语文这个学科跟理科不一样，它不是一一对应的，靠一个系列、一个梯级、一个台阶去给学生提高成绩，它必须通过大量的积累，然后才能有一个提升。

案例3：《中国教育报》曾经报道了这么一件事：病假条换来的课外阅读。有一个小学二年级的学生，由于偶然的生病请假，在家里读书让她感到比在学校里上语文课更加快乐。这种愉快的阅读体验带来的是让她以不断请假、旷课的方式来换取课外阅读。结果，从小学二年级到初中一年级，她写了100多张病假条，换来的是400多部名著的阅读，她的成绩也特别突出。

有人对学生做了一个调查：在语文学习中，对你帮助最大的事情是什么？

答案只有一个，那就是阅读。

而我们当前的语文教学，或多或少有这样一种现象：

教师教得累——字词句强拉硬拽，段篇章条分缕析，重难点深度剖析，"满堂灌"、照本宣科，教师怎能不累！

学生学得厌——3分钟即可读完的课文要学3节课，3天即可读完的教材要学半年，学生怎能不厌！

书读得少——课内时间被"满堂灌"挤占，课外时间学生被各门作业压得喘不过气，哪有时间读书！

当然，我认为这些事例虽不能以偏概全，但还是证明了阅读的重要性，阅读对一个人一生的影响是不可估量的。我今天发言的主题是"'群文阅读'，引领学生泛舟书海"。

一、什么是"群文阅读"

所谓"群文"，顾名思义，就是在教学现场，在较短的单位时间内，要呈现多篇文章，多到四五篇，甚至七八篇。"群文阅读"是群文阅读教学的简称，是最近两年在我国悄然兴起的一种具有突破性的阅读教学实践。简单地讲，群文阅读，就是把一组文章，以一定的方式组合在一起，指导学生阅读，并在阅读中形成自己的观点，进而提升阅读力和思考力。群文阅读教学是拓展阅读教学的一种新形式，更关注学生的阅读数量和速度，更关注学生在多种多样的文章阅读过程中的意义建构，对全面提高学生的语文素养具有十分重要的意义。

那么，我们就要追问：从单篇到"群文"，对阅读教学而言，意义究竟何在？

二、"群文阅读"的价值取向

1. 增加阅读的数量，让学生读得更多

不积跬步，无以至千里；不积小流，无以成江海。多读书、多积累是语文教学的宝贵经验。

当前我们的语文教学，教师仍然比较重视语文教材中课文阅读的教学。《新课程标准》对高年段学生的阅读量的要求是：扩展阅读面，课外阅读总量不少于100万字。以小学语文12册教材，每册教材平均30篇课文，每篇课文平均500字计算，阅读总量只有15万字左右，这样的阅读量是远远不够的。群文阅读教学，学生在一节课中读五篇左右的文章，有效地增加了学生的阅读量，扩大了学生的阅读面，为学生阅读素养的提高做了必要准备。

2. 提高阅读的速度，让学生读得更快

《新课程标准》对于高年段学生的阅读明确提出：默读有一定的速度，默读一般读物每分钟不少于300字；学习浏览，扩大知识面，根据需要搜集信息。

当今社会已经进入信息化时代，每天都会产生许多新知识。为了获取更多的信息，必须学会快速阅读。当前我们的语文教学，一篇500字左右的精读课文要教两课时，略读课文要教一课时，教师可以慢慢教，学生可以慢慢读，这种单一的阅读教学方式严重影响了学生阅读能力的提高。群文阅读教学，学生在一节课中读五篇左右的文章，就能提高学生的阅读速度，提高学生快速阅读的能力，提高学生思维的敏捷性和灵活性。

3. 强化阅读的主体，让学生读得更乐

当前我们的语文教学，一节课教一篇文章，学生很快读完，内容基本理解，教师只好不停地问、不停地讲，学生被动地答、被动地听，主体意识缺失，阅读兴趣降低。群文阅读教学，学生在一节课中读五篇左右的文章，新的阅读内容不断激发学生的阅读兴趣，教师不得不少问少讲，学生进行看书、思考、陈述、倾听等语文实践，真正成为语文学习的主人。

4. 丰富阅读的方式，让学生读得更深

《新课程标准》提出：在阅读中揣摩文章的表达顺序，体会作者的思想感情，初步领悟文章基本的表达方法；在交流和讨论中，敢于提出自己的看法，作出自己的判断。

单篇文章阅读、多篇文章阅读、整本书阅读，是人们日常生活和工作中的三种阅读方式，三者不可互相替代。《语文课程标准（2011年版）》在"教学建议"中指出：应加强对阅读方法的指导，让学生逐步学会精读、略读和浏览；各个学段都要重视朗读和默读。当前我们的语文教学，一节课教一篇课文，用大量的时间咬文嚼字、深情朗读，关注精读、朗读方法的指导。我们有时需要细嚼品味式的"慢阅读"，有时也需要整体把握式的"快阅读"。群文阅读教学，学生在一节课中读五篇左右的文章，不仅加大了学生的阅读量，更重要的是让学生在多篇不同作家、体裁、内容的文章阅读中进行比较归纳、分析综合、深入思考，关注略读、默读方法的指导，这样就为学生学习多样化的阅读方式，终身阅读与发展奠定基础。

从"一篇"到"一群"的更大价值是努力改变以往阅读教学中的许多痼疾。它意味着"教"的改变。单位时间内，教师"讲"的时间多了，学生阅读的时间就相对少了。"群文阅读"让学生自己去读，让学生在阅读中学会阅读。

三、"群文阅读"课的特点

"一节课里读一群文章"意味着什么？

（1）意味着老师不可能讲太多话，意味着老师不可能提太多问题。意味着老师不能发起太多讨论，老师话多了，问题多了，对话多了，学生阅读的时间相对就少了，此长彼短，这组文章，学生就读不完了。所以"群文阅读"只能发展"让学"，让学生自己读，让学生自己在阅读中学习阅读。

（2）意味着老师对课堂结构的艺术性不能有太多苛求。起承转合、层层递进、环环相扣、步步为营、前后呼应、高潮迭起……过于精致细腻的课堂，往往是环节偏多、转换频繁的课堂，这样的课堂间接地侵占了孩子自读自悟、大块时间读、大块时间悟的时间，没有大块时间读、大块时间悟，"群文阅读"就不可能实现。

（3）意味着老师不可能这么深、这么细、这么透地讲析文章了。微言大义，字斟句酌，咀来嚼去……这种分析性阅读的典型特征是：20字的《登鹳雀楼》，在小学二年级要条分缕析35分钟，热热闹闹一节课，数数字数20个。在"群文阅读"里，你不可能这么上，很简单，时间不允许。

（4）意味着老师也不能按部就班地从字词的学习开始进行教学，再到句式、篇章结构、内容探讨等环节，不可能面面俱到，不可能步步扎实……"群文阅读"，教学目标一定要抓住重点，突出要点，把握难点，一定要学会放弃。

（5）意味着老师不能将"朗读"、将"有感情朗读"无限放大。一则时间上不允许，因为有感情朗读是特别费时间的；二则无限放大有感情朗读，势必会挤占掉一些更重要的阅读能力的尝试与学习。老师必须根据读物的不同性质，更多地尝试略读、浏览、跳读等阅读方式，老师必须更多地尝试真实的更实用的类生活化阅读。

四、研究主题的确定

在一次大型的"群文阅读"研讨会上，现场听课的一位老师即时记录了听课的感受："这节冷清的课，只有教师温柔平静的声音通过话筒传播在会场，孩子们在忙碌地看书、思考、陈述、倾听。的确是不够热闹，如果放到我们的公开课评审系统中，估计连入场的资格都没有。但是这的的确确是一节阅读课，一节真正让学生学习阅读的阅读课。那么我们的课堂上，能否接纳下这样的教学？"很显然，听课的老师对"群文阅读"感到非常新鲜，有点惊异，觉得与我们传统的课文教学有点"格格不入"，但是又感觉到它的巨大价值，内心处于一种想尝试又不敢涉及的矛盾中。今天，我们六年级组在选定此课题时，大家也很纠结，"群文阅读"，对于我们云小来说，可说是一个全新的课题，既然专家们都提出来了，并且在做，那一定有它的价值所在。于是，我们组5位老师做出了这么一个大胆的尝试。希望今天的课对大家今后的阅读教学能起到一个抛砖引玉的作用。

五、教学内容的确定

群文阅读对于学生来说，也是第一次，四大民间爱情故事《牛郎织女》《孟姜女》《白蛇传》《梁山伯与祝英台》，对于学生来说并不太陌生，皆是用口语相传下来的民间故事，语言通俗易懂，同时又具有自身的创作意义与特点，较为符合六年级学生的阅读特点。最初，我们也设想诗歌、散文，或是教材上的某个单元的"主题群文阅读"，后来考虑到对于已近毕业的学生来说，回头再采用教材内容，他们没有新鲜感，加上目前学生们每天都在进行着大量的课外阅读，如何引导学生更有效地课外阅读，是我们本次的群文阅读教学的出发点之一。因此，我们便做了如此选择。

六、具体研究过程

万事开头难，新的课堂模式对我们来说，实在是一次挑战。当我们实战课堂时，却发现问题太多，而且非常棘手，用李组长的一句话说，就是"我也不知道要怎么上"。尽管如此，我们组5位老师分工合作，勇往直前，由李静老师负责备课和执教，彭灿、吴浪、谭璨老师共同搜集资料，修改教案，协助课件的制作，以及活动资料的收集与整理，本人负责讲座。在今天的课出炉之前，我们反复试教4次，教案在第一次试教后被推翻多半内容，每一次教案的修正，我们都要找很多的资料，每一次试教，我们都请了李超利、彭桃英、朱红果等老师进行详细的指导。在此，我代表六年级语文备课组全体成员对各位专家的耐心指导表示衷心的感谢。

第一次试教：

我们最大的感觉是课堂太冷清，课堂的重点不突出，学生不敢交流等等。一串的疑问产生了：本堂课的重点是"分享阅读感受"，该怎样引导学生从多个角度阅读？对文本要不要深挖？有没有必要拿出外国的爱情故事进行比较阅读？对重点句段要不要反复、多形式的朗读？

第二次试教：

我们针对第一次的问题对教学设计进行大的改动，删去了把中外爱情故事进行比较的环节，丰富并明确了"片段分享"的内容，先由老师带领学生赏析一个片段，然后再让学生阅读，写批注，然后交流。这样的设计对学生的阅读有一定的指向作用，但又没框死学生的思维，让学生在阅读时充分地与文本交流，阅读后与同学交流的内容也丰富了，将交流落到实处。

在第二次试教中，学习效果明显比第一次强多了，学生阅读后，有话说了，参与交流的面也广了很多。课后，大家坐下来，又开始了新一轮的意见交流：教学目标的导向可以更明确；对同一个片段的阅读感受，应让多人发表自己的阅读见解，交流的氛围才更浓厚；民间故事虽产生于民间，但高于现实的特点没有让学生明白；对于孟姜女的一段语言描写，朗读过于平淡；在教师总结时，探讨真正的爱情，离小学生太远，可以将问题"你觉得真正的爱情是什么呢？"改为"为什么这些故事经久不衰？"这样学生会谈得更生动。

第三次试教：

按理说，一次次试教感觉应该越来越好，但是我们的第三次试教失败了。执教者李静老师几乎没信心了，还好，有我们坚强的后盾朱主任、李组长一直陪伴着我们，给我们分析、指导。于是，我们的第三次修改更细，更注重方法：对于群文阅读教学目标的确定，应紧扣群文阅读的价值取向；课堂导入要精炼，有足够的调动性；群文阅读不要深挖文本，而要重在交流；交流的面要广，对学生的阅读感受，教师不要作对与错的评判，要尊重学生的阅读感受，不要框死学生的思维，毕竟"一千个读者就有一千个哈姆雷特"；为了打破课堂的沉寂，课前要让学生静下心阅读，课上多鼓励学生畅所欲言；指导做批注，有利于提升学生对文学作品的鉴赏力；教师的问题要有明确的指向性，如"对孟姜女结局的改写，你喜欢吗？"应该改为"你对这改写的结局有什么看法？"

第四次试教：

有了前几次的基础与思考，我们的第四次修改首先将"课堂导入"改为"欢迎大家参加今天的'书韵流香'读书交流活动"，学生顿时明白今天的课堂是读书交流，而非简单的阅读；故事情节梳理安排在课前完成，课上只反馈交流，这样学生有更多的时间交流阅读感受；在学生分享交流环节，让更多的学生从不同的角度谈自己的阅读感受，这样的交流既丰富又生动。尽管如此，第四次试教，问题依然存在，既然是阅读交流课，那我们的课堂应该是开放的，教师就不要将有关知识进行强化学习，只需在总结时一语带过。

七、教学策略

一次又一次的磨课，让我们从中收获了许许多多。根据以上研究讨论，最后我们紧扣教学目标采用五步教学策略开展教学：

第一步是"主题回顾"。阅读资料我们提前一天发给学生，上课伊始便直奔"四大民间故事"的主题，这实际上也是在训练学生的归纳概括能力，让学生用简练的语言对文章内容进行概括。

第二步是"阅读概览"。在课堂上，老师以《牛郎织女》为例，指导学生梳理故事内容，对四个故事进行整体把握。在此过程中，以小组合作的形式完成作业单的填写。这样既充分激发学生的主动意识和进取精神，又倡导了自主、合作、探究的学习方式。事实证明，这样的概括较为准确，是一种有效的阅读方法。

第三步是"片段分享"（孟姜女哭长城、喜鹊搭桥、水漫金山寺、化蝶等）。

"乐于交流，善于交流，敢于发表自己的意见"是《新课程标准》对口语交际的要求。"片段分享"是这课堂的主体环节。为了突出重点，让课堂交流落到实处，我们在磨课的过程中，将最初的品析一个片段扩展到多个片段。在这个环节中，开展民主、互动、多元的对话。指导学生写批注，让学生更自主、更愉悦地阅读、理解、质疑、发现，从而达到提升其阅读能力的效果。这样也让学生对接下来的交流更有信心，更有欲望。学生的交流丰富多样，有的谈自己的情感感受，有的谈民间故事的写作手法，有的谈作者的创作意图。在这里，学生的感悟无论是深刻还是肤浅，都是属于他们的独特感悟，教师都给予了充分的尊重，让他们感受到成功的喜悦，不仅能让孩子们一同分享阅读心得，而且营造出浓厚的读书氛围，提高了个体与群体阅读素养。

在这个环节中，教师不是一味地将课文讲"深"，而更多的是关注学生多元的理解，所以课堂似乎少了一些精彩，但其实学生更感兴趣。在我们第二次对学生进行试讲后就做过一次随机的调查，百分之九十的学生感觉这样的上法比平时的语文课更有趣。理由是：学生对文章有新鲜感，不像平时的课堂将课文嚼得过细、过烂，因而乏味；更为重要的是"聊书"的形式让他们感觉很轻松，而且很有成就感。

第四步是"精彩赏析"（批判阅读）。此环节安排的内容是赏析故事的结尾，教师通过改写孟姜女的结局，让学生对比原文进一步理解作者的创作意图，明白这些故事为何经久不衰。让学生懂得：这些故事产生于民间，但又高于现实生活；这些故事的结局虽然大多凄美，但赞颂了主人公对爱情的坚定与执着，他们敢于冲破封建思想的禁锢，他们用自己这份坚定的信念，固守心中对纯洁美好爱情的执着向往与追求，突显了他们爱情的伟大。

第五步是"主题拓展"。每一次阅读教学之后，给学生推荐相关的作品是非常有必要的。因为我们课堂阅读的最终目的是将课堂延伸到课外，激发学生的阅读兴趣，让学生带着课堂的余温走入更多的作品，让学生在课外徜徉于书海，在他们的生命里践行海量阅读。因此，本节课给学生推荐了四部中国古代爱情主题作品：《西厢记》《桃花扇》《天仙配》《牡丹亭》。

八、写在课后的话

我们的课堂，不是为了教给学生多少知识，而是要发挥课堂一个例子、一块试验田、一把钥匙的功能。群文阅读并不是否认教学的价值，我们传统的教学模式也是有其意义的。因此，在我们的课堂里，很少出现那种"大手笔"、"大刀阔斧"地将教材撤在一边的改革。

阅读是一辈子的事情，是一种长期的没有终点与止境的"自我教育"。因此，我们应该上好阅读课，给学生一把打开阅读之门的钥匙。爱上阅读课，让阅读成为一种习惯，一种享受，一种境界。

5. "群文阅读"的尝试与思考

六年级小教研共同体活动总结
六年级语文组

"教育唯有与时俱进，才能持续经营。" 5月26日上午，云小校园书香满溢，由六年级语文备课组主持的"书韵流香"群文阅读小教研共同体活动在热烈的掌声中圆满结束。

现在孩子的语文学习环境，已经发生了巨大的变化，我们的语文课程框架已经到了必须拉大的时候了。为此，我们六年级语文备课组全体成员早在开学之初就开始研究、讨论，经过几轮商议，我们敲定了本年级组的教研主题——"群文阅读教学"。尽管"群文阅读"不像一篇课文教学那样，能让孩子对朗读、字词句练习、文章思想的把握等掌握得那么精细，可孩子通过"群文阅读"可以在短时间内接触到多篇优美的文本，而且这些文本或议题相同，或表达方式相同，或抒发的情感相同，可以让孩子们在多文本中去发现、去探究、去总结，可以让孩子从中获得自己的理解和认识，得到海量的知识信息。

根据每位老师的特点，我们进行了如下分工：李静老师负责公开课展示，廖艾红老师负责专题讲座，彭灿、谭璨、吴浪三位老师负责资料收集与整理。为成功开展这样一个全新的教研专题，我们做了充分的准备。从搜集资料、确定课题，到系统了解群文阅读教学的重点、难点，再到如何开展、实施自己的研究，每一个环节我们都潜心钻研。

可以说，"群文阅读"是对传统语文教学痼疾的一种改变，改变教师在单位时间内滔滔不绝地讲教学方式，将大部分的时间还给学生，让学生自己去读，让学生在阅读中学会阅读、学会学习，这才符合小学语文的奠基性原则。再者，"群文阅读"的价值还在于对孩子精神的丰盈和海量信息的获取。它提倡读整本的书，原汁原味的书，连续性阅读，不像教材那样，让孩子学习专家修整改编的文本，单篇的文本，而是让孩子自由地感受文化的气息和脚步。

于是，在前期阶段，组内语文老师每人都带领本班学生进行了"群文阅读"的尝试，然后总结经验，集体研讨，大家再进行资源共享，让六年级每一个孩子都了解"群文阅读"，享受"群文阅读"的快乐。经过一段时间的摸索与探究，李静老师选择了"中国四大民间爱情故事"这一题材进行备课。在研课过程中，六年级语文教师全程参与，请来了语文骨干教师朱红果、李超利、彭桃英进行指导。大家积极参与，群策群力，力求本次教研活动得以完美展示。经过五次试教、多次研讨、不断推敲、反复修改，李静老师终于凭借她丰富的语文素养、高超的教学技艺，将本节课完美地呈现在大家面前。课堂上，李老师娓娓道来，孩子们谈吐不凡，成了课堂真正的主人，也道出了一些超乎我们想象的观点和见解，课堂在阵阵惊叹与笑声中得以升华。

在长达两个月的研究中，我们利用每周的教研时间，阅读了大量关于"群文阅读"的研究资料和教学设计。为了让阅读指导落到实处，我们不断地改变提问方法，调整教学环节，改变教学策略，更换教学方案，力求每一节课达到教材规定的教学目标，进而逐步构建"群文阅读"课堂教学模式。因此，年级组长廖老师在讲座中才能将"群文阅读"剖析得如此透彻，将我们的课堂解说得如此到位。

本次讲座以"'群文阅读'，引领学生泛舟书海"为主题，廖老师先谈到阅读的重要性，紧接着从什么是"群文阅读"、"群文阅读"的价值取向、"群文阅读"课的特点、研究主题的确定、教学内容的确定、具体研究过程、教学策略、教学反思等方面全面介绍了我们在"群文阅读"这一崭新教学领域中摸索、探寻的所见所闻、所思所感。廖老师结合李静老师的研讨课，把群文阅读教学阐述得全面、细致、精到，到场的老师边听边做笔记，边频频点头。最后，朱红果老师对本次研讨活动进行了精彩点评。

"我们的课堂，不是为了教给学生多少知识，而是要发挥课堂一个例子、一块试验田、一把钥匙的功能。""阅读是一辈子的事情，是一种长期的没有终点与止境的'自我教育'。"在今后的教学中，我们将义无反顾地继续对孩子进行"群文阅读"的引导，从鼓励孩子课外阅读开始，从为孩子推荐优秀读物开始，为了他们的成长，我们将和孩子们一起踏上课外阅读的快车，携手感悟多彩的世界。